No Eres Tú,

(Siempre)

Soy Yo

No Eres Tú,

(Siempre)

Soy Yo

Melanie González

HakaBooks.com
e-ditions

TÍTULO: *No Eres Tú (Siempre) Soy Yo*
AUTORA: *Melanie González, 2019*

TIPOGRAFÍA: *HakaBooks - Calibri, cuerpo 11*
PORTADA: *HakaBooks ©*
PORTADA IMAGEN: *HakaBooks ©*

HAKABOOKS
08204 Sabadell - Barcelona
+34 680 457 788
www.hakabooks.com
editor@hakabooks.com
hakabooks

ÍNDICE

AGRADECIMIENTOS

Creo que este es uno de los apartados más difíciles de libro ya que han pasado tantas personas por mi vida a las que tengo tanto que agradecer, que espero no dejarme a nadie.

Yo creo que todas las personas que han pasado por mi vida lo han hecho por alguna razón, aunque simplemente haya sido para conectarme con alguien que después me ha ayudado en algo, todo es cuestión de sincronías, pero voy a centrarme en todas aquellas personas que han contribuido mínimamente a que este libro haya sido posible.

A ti...

A mis padres, José y María Ángela, evidentemente por darme la vida, por amarme de manera incondicional, sin juicios, con vuestras dificultades, pero siempre desde el amor y el orgullo que habéis sentido por mí. Gracias por dejarme equivocarme en la vida, sosteniendo siempre mi corazón y por estar siempre ahí para ofrecerme vuestro hombro.

A mi hermano, Adrián: te adoro. Siempre digo y diré que eres una de las personas imprescindibles de mi vida. Creo que fuiste la primera persona que me hizo sentir ese amor tan bonito, incondicional, de protección y de cariño. Gracias por apoyarme, escucharme, aconsejarme y seguirme siempre en mi camino.

A mi árbol genealógico, mi familia, porqué sin vosotros no sería nadie. A todas las mujeres de mi clan, por ser fuertes, valientes y enfrentaros a vuestras vidas dolorosas. A los hombres, por darme todos esos aprendizajes y por hacer que yo forme parte de esta vida. En especial a ti, yaya, porque has sido una mujer fuerte, luchadora y me siento muy orgullosa de estar debajo de ti, en el árbol genealógico, sanando todas esas injusticias y sufrimientos. A mis primas "del pueblo" por ayudarnos entre nosotras a seguir sanado y liberando.

A todas las mujeres con las que trabajé en la fundación de violencia de género. Gracias a vosotras, aprendí muchísimo de mi espejo. Y gracias a ti, Rosa, que aunque me sentí muy dolida en ocasiones por tu actuación conmigo, me diste la gran oportunidad de poder trabajar ahí, además de muchos aprendizajes. Ahora entiendo que tu comportamiento tan solo mostraba mi espejo.

A todos los hombres que habéis sido mi pareja, personas importantes de mi vida de las que he aprendido muchísimo. Aunque a veces no lo entendiera, os amo y os honro por haber formado parte de mí.

A mis amigas... uf, que lista tan grande, si en algo soy afortunada en esta vida es en esto, y tengo muchísimas. No las nombraré a todas, pero haré mención y ellas sabrán quienes son.

A Isabel Gutiérrez: gracias por iniciarme en el camino hacia el desarrollo personal, siempre fuiste mi maestra a quien iba siguiendo los pasos. Después nos convertimos en amigas y consejeras. Jamás podré agradecerte lo suficiente que me ofrecieras tu casa en uno de los momentos más dolorosos de mi vida. T'estimo.

A mis "kopunkatoñis": gracias por acogerme cuando me quedé sola y sin amigas, por hacer salir mi parte más payasa y divertida y por apoyarnos entre nosotras como si fuésemos "Una mafia".

A mis niños y niñas del baile, por darme esos ratitos de risas y disfrute, conectando con el baile, la danza del Alma.

A vosotras, Miriam, Noe y Ana, por ser tan especiales, porque el título de amigas se os queda corto y por ser como sois conmigo, por vivir esos momentos buenos y no tan buenos y por estar siempre a mi lado. Por verme reír, llorar y patalear y sin decir nada entenderme, respetarme y aceptarme.

Ana, mi "mejor amiga". Te conocí con 14 años y sé que serán por muchos años más, porque al ser tan diferentes somos tan iguales y al final el amor es eso ¿no? Amar al otro sin juzgarlo y aceptándolo. Lo nuestro es un claro ejemplo de amor incondicional. Y porque quizá una ruptura nos ha acercado aún más, así que no está tan mal ¿no crees? Te quiero.

Noe, mi gran confidente. Si tuviera que contar los audios e historias que nos explicamos creo que eres la persona con la que más hablo con diferencia. Porque nadie nos entiende, pero nosotras nos entendemos, has estado y estarás en los momentos más bonitos de mi vida.

Miriam, otra de mis "mejores amigas". Nos conocimos en Bachillerato, estudiamos, reímos, hicimos nuestro trabajo final, nos fuimos de fin de curso... Me has ayudado con la corrección del libro, con los mil nombres de mis diferentes empresas (gracias por aceptarme como emprendedora loca), estuviste en uno de los momentos más duros de mi vida, yo estuve en los momentos más duros de la tuya...

Porque aún y teniendote a miles de kilómetros te sentía tan cerca. Vivimos juntas, lloramos juntas, reímos juntas... Realmente contigo, siento lo que es amor, amor incondicional, amor de respeto y de amigas de verdad. Quizá no he tenido "suerte" en el amor, pero contigo sé que he tenido suerte en la amistad. P.D. Me encantan nuestras conversaciones inteligentes ;)

A ti, Noemí Casabón, mi psicóloga. Por ayudarme e iniciarme en mi proceso de crecimiento, por invitarme a descubrir tantas cosas de mi misma y siempre desde el cariño y la dulzura que te caracteriza. Por realizar el prólogo de mi libro aún y estando muy ocupada. Para mí es muy importante que lo hagas tú porque has sido y serás alguien muy especial e importante en mi vida. Eternamente agradecida.

A ti, Judith Gómez, por introducirme en el camino de la biodescodificación y análisis transgeneracional que me llevó a poder hacer ese gran trabajo personal y de transformación. Te encontré en un momento donde estaba muy perdida y me ayudaste a encontrar esa esencia tan bonita. Y a ti, Alejandra, por ponerme en su camino. Vivimos un año juntas y fue un año donde nos ayudamos la una a la otra, fue un feliz reencuentro.

A ti, Belén Linacero, por escucharme, animarme, apoyarme y aconsejarme y formar parte de mi camino y proceso.

A ti, Gema Morales, por introducirme en el camino hacia mi Alma para seguir creciendo, avanzando, liberando y siendo. Eres uno de mis grandes descubrimientos en mi vida, gracias a ti he podido entrar más en profundidad en mi alma y liberar aspectos que no me dejaban avanzar. Gracias por ese amor que he recibido de ti tan incondicional, por ayudarme y apoyarme.

A ti, Mabel Corchero, por corregir mi libro desde la profesionalidad, pero sobre todo desde el amor y el cariño. Por tu sinceridad e implicación.

A la Editorial, y en especial a Montse, por tratarme con tanto cariño y amor desde el principio. Por darme la oportunidad de cumplir mi sueño y hacérmelo tan fácil. Y a ti, Mari, por ponerme en contacto con ellos.

A todas mis clientas por regalarme la oportunidad de aprender de vosotras cada día y por las muestras de cariño que recibo. Porque sin vosotras Piropos Al Alma no tendría sentido.

A ti, Pedro, por animarme y casi empujarme a la escritura de este libro y a ti, Josepe, por permitirme ir a tu curso y conocer a este Gran Amigo.

Gracias a todos los profesionales que han puesto una parte de ellos en mí para mi crecimiento y espiritualidad, ya sea con sus libros, vídeos, conferencias, talleres, charlas, cursos... me siento parte de cada uno de vosotros, entre otros Sergi Torres, Enric Corbera, Borja Vilaseca, Maria José Cabanillas, etc.

PRÓLOGO

Querido lector@, cuando Melanie me llamo para prologar su libro me sentí contenta y conmovida a la vez, recuerdos vinieron a mi memoria de años atrás. Viendo, tal como, el buen hacer de un alquimista transforma el metal innoble en oro. Así consigue la autora de este libro, hacer una mezcla de algo que es doloroso en un bien preciado para sí misma y para los demás..

En cuanto recibí su "bebé" como lo nombra ella, me puse a leerlo y la historia me cautivo. Habla de tantos relatos que he oído en los años que llevo atendiendo y acompañando a personas.

La primera parte del libro narra la historia de Noa , profundamente humana, sensible y común, seguro os sentiréis reflejad@s en algún momento de vuestro recorrido en busca del amor.

La protagonista cuenta en primera persona el doloroso viaje de encuentros y desencuentros amorosos, hasta llegar al encuentro con el amor a sí misma.

La autora trata con delicadeza extrema el paso por las diferentes relaciones, siempre con mucha cura, sin culpabilizar ni resaltar aspectos personales, que pudieran denigrar a algunas de las partes, siempre con mucho respecto, y creo que hay mucho de su esencia en esta historia; amorosa, comprensiva y a la vez clara y honesta.

La segunda parte del libro nos aporta un análisis de los porqués y los cómo, le ocurre lo que le ocurre a la protagonista. Hilando alguno de los ingredientes que pueden conducir a relaciones más saludables.

Pasando por una invitación a la reflexión personal y social, de cuanta violencia encubierta está presente en nuestros días, y lo importante del autoconocimiento para poder discernir lo que es verdaderamente bueno para nosotros mism@s

El vasto camino para compartir el amor verdadero con "otro" es sin duda el amor incondicional hacia uno mism@. Y poder mostrar así, el diamante que siempre ha estado ahí.

Deseo al lector una lectura consciente, para poder poner más amor en tu vida y en el mundo.

Noemí Casabón Catalán
Enero 2109

INTRODUCCIÓN

¿Alguna vez has pensado que tienes mala suerte en el amor? ¿Crees que es difícil encontrar una buena pareja? ¿No entiendes por qué siempre das con relaciones que no funcionan?

Soy Melanie González y como tú he tenido estas cuestiones en mente. En mi vida he tenido tres relaciones de pareja importantes y algunas relaciones más esporádicas, todas con el mismo resultado, mucho dolor para todos.

He tenido épocas de mi vida donde he tirado la toalla y he pensado que prefería estar sola, y también he tenido épocas de mi vida donde me he limitado a buscar respuesta a preguntas que estaban dentro de mí, pero que ni siquiera yo sabía.

A lo largo de mi vida he escuchado tantas veces la frase "con lo que tú vales y cómo has podido aguantar ciertas situaciones". Lo cierto es que, si me paro a pensar, he vivido situaciones de pareja tan complicadas y tóxicas que a veces aún me cuesta creer que no hayan sido simplemente una pesadilla.

Hablando con mis clientas y con mis amigas, he ido descubriendo que esto es algo más común de lo que uno pueda pensar y he visto que las relaciones de pareja y el amor, determinan muchas emociones de las que vivimos en el día a día.

Hay tantas personas que sufren por amor... y la verdad es que siempre me pregunto ¿Pero el amor no es algo bonito? ¿Por qué sufrimos por amor entonces?

Durante toda mi vida podría decir que he cosechado éxitos. Como niña era excelente: estudiosa, buena, líder entre mis amistades, pero curiosamente nunca me había valorado suficiente, y lo peor de todo es que me he dado cuenta hace relativamente poco, ya que jamás había sido consciente de ello. Iba como una veleta por la vida, viendo cómo me implicaba en ciertas situaciones, muchas veces sin entenderlas, pensando que la vida te trae cosas y que por ello tienes que vivirlas.

A día de hoy, después de haber realizado una gran introspección, y de haber entendido ciertos aspectos de mi personalidad y de mi vida, me he dado cuenta de que muchas de las situaciones negativas que he vivido han sido fruto de la gran desvalorización que sentía hacia mí misma y por lo tanto, he sido la mayor responsable, que no es lo mismo que culpable.

Entender esto me ha ayudado enormemente, porque durante mucho tiempo culpaba al exterior de lo que me había sucedido, eran una gran "víctima" de la sociedad y esto no me estaba ayudando a resolver mis problemas, todo lo contrario, seguía repitiendo situaciones insanas.

Hasta que un día me llevé una gran bofetada de la vida y pude entender y asumir mi responsabilidad en todo esto, y por lo tanto pude por fin, tomar las riendas de mi vida.

Me ha costado tanto ver mi esencia como persona, ver cómo durante esta vida me he limitado y bloqueado a mí misma a la hora de conseguir muchas cosas. Hasta que, por fin, después de todo este largo recorrido, me he dado cuenta de que soy una persona única y especial. Pero el aprendizaje fundamental es que soy esa persona simplemente y valga la redundancia, por lo que soy y no por lo que tengo o hago.

Después de analizar profundamente cada detalle de mi vida, me doy cuenta de que, como yo, hay muchísimas mujeres, increíbles y valientes, que se encuentran en la misma situación en la que yo me he encontrado y es por ello que siento casi la "obligación" de contarle al mundo mis experiencias, para así poder ayudarlas a ver lo que, en su momento, a mí me costó tanto ver.

Muchas veces el objetivo de un libro no es otro que adquirir prestigio, notoriedad, nombre, etc. No es mi caso. Me ha costado mucho escribir este libro, ya que hay situaciones y experiencias personales y mientras lo escribía invadía en mí, la sensación de estar desnudándome ante el mundo. Pero en el día a día, veo a tantas personas que sufren por amor y a las que puedo ayudar, que me hace pensar que por ahí fuera debe de haber muchísimas más a las que no podría llegar nunca desde mi pequeño despacho y que dan sentido a este libro.

Si ésta, mi historia, ha llegado a tus manos, quiero poder ayudarte con su lectura a que te des cuenta de los patrones que puedas estar repitiendo, a ver cómo te estás tratando a ti misma y por encima de todo, a tomar las riendas de tu vida, consiguiendo esa gran transformación personal para que te sientas como me siento yo, libre, feliz y apasionada.

En este libro voy a poner toda mi alma, todo lo mejor de mí para que puedas entender, emocionarte, con cada línea que leas y para que puedas pasar a la acción mucho antes de lo que yo lo hice.

Desde que estaba en el instituto tenía clarísimo que sería psicóloga. Recuerdo que mis amigas me preguntaban siempre sobre sus problemas para que les aconsejara. Me encontraba a personas por la calle y me paraban para contarme sus historias, era increíble, pero me sucedía muchas veces esto. Creo que mi profesión me vino dada mucho antes de que ya tuviera conocimiento.

He estado ocho años trabajando con menores y mujeres víctimas de violencia por lo que he visto muchas maneras de desvalorización y de malos tratos tanto en el seno de la pareja como en los núcleos familiares. Es un hecho destacable, que aún y habiendo trabajado tantos años "dando consejos" a mujeres sobre la importancia de ponerse en valor, no era consciente que yo era la primera que debía valorarse.

Un día escuchando una conferencia de Lain García Calvo, autor del libro *La Voz de Tu Alma*, me impactó mucho una frase que dijo y que me hizo reflexionar: "el universo no elige a los preparados, sino que prepara a los elegidos".

¡Guau! Me hizo un "clec" en mi interior y lo entendí todo. Yo había vivido tantas situaciones e historias personales precisamente por eso, porque el universo me estaba eligiendo para poder ayudar a otras muchas mujeres que estaban pasando por lo mismo. Y lo cierto es que, para poder guiar y entender a las personas en su dolor, el haberlo vivido tú antes, ayuda a poder empatizar mucho más con ellas.

Cuando entendí esto, y cambié mi punto de vista, pude realizar esa gran transformación pasando del rol de víctima, a saber, que todo esto me había preparado para seguir con mi misión de vida, ayudar a las personas.

Estoy preparada para ayudarte con mis experiencias y vivencias. ¿Y tú, crees que estás preparada para que te ayude?

Una de las claves que quiero que entiendas antes de comenzar este libro es que quizá haya aspectos o situaciones que no resuenen en ti, o quizá haya anécdotas que veas ridículas, o pienses "yo jamás permitiría eso".

Solo te pido que ante las siguientes líneas seas como una niña pequeña, sin juicios, sin críticas y simplemente te quedes con aquello que sí te pueda ayudar o aquello de lo que puedas extraer un aprendizaje. Claro que cada uno tiene sus vivencias, pero si vas más allá verás que hay muchas situaciones que, en esencia, tienen muchos aspectos en común.

Una de las características que más he visto entre mis clientas, y, que incluso yo presentaba, es la baja autoestima que tenemos y todos los conflictos que de ello se derivan.

Te sorprendería saber lo poco que se quieren las mujeres y la desvalorización tan grande que, a día de hoy, en el siglo XXI todavía existe. Mujeres que están donde estaba yo "antes de prepararme" para esto.

Este libro simplemente pretende ser una guía para personas que se sientan identificadas y sean capaces de detectar situaciones que ellas mismas están viviendo, pero de las que al igual que yo, no son conscientes o no saben cómo solucionar.

Te puedo asegurar que yo tampoco he sido consciente de todo, hasta que el año 2016, cuando tuve mi segunda crisis existencial personal decidí hacer una terapia específica con mi terapeuta, y ahora gran Amiga, y a raíz de esto pude entender todo lo que me había estado sucediendo y así lograr esta transformación que ahora siento.

En este libro te voy a explicar el porqué de esas situaciones y lo mejor, qué herramientas puedes utilizar para evitarlas.

En este libro voy a hablar de mis experiencias, experiencias como psicóloga y como persona, por lo que todo lo que hay en él es real. Habrá algunas historias modificadas por cuestiones literarias, algunas situaciones serán las vividas en primera persona y otras las de pacientes con los que he trabajado. Queda a la imaginación del lector saber si dichas historias son propias, de pacientes, reales o no reales, porque ante todo quiero ser respetuosa con todas las personas implicadas.

A mí no me importa contar al mundo mi historia personal porque considero que es una historia vivida para aprender, pero no quiero ofender a nadie por lo que el secreto se quedará conmigo y con esas personas que han formado parte de mí. Lo único que sí te puedo asegurar es que en esta historia va a haber mucho realismo y, sobre todo, emoción.

Una de las cosas que he entendido y más me ha liberado es que las persona que han formado parte de mi vida han sido grandes maestros para mí, para que yo me diera cuenta de muchas cosas, para que yo aprendiera de ellos y por ello les estaré eternamente agradecida.

A día de hoy no siento emociones negativas hacia ellos, todo lo contrario, estoy en paz conmigo misma por lo que lo único que siento son emociones de gratitud, de amor, de cariño, de perdón y de respeto.

El lenguaje del libro es un lenguaje coloquial y cercano porque el objetivo del mismo no es otro que llegar a personas como tú, personas que quizá estén pasando por situaciones similares. Soy una persona con bastante sentido del humor y creo que eso se ve en el libro, he aprendido a relativizar ciertos aspectos de mi vida y a reírme sobre todo de mí misma.

La historia que vas a leer tiene una protagonista ficticia que irá relatando sus aventuras y desventuras. El libro está estructurado en dos segmentos, la primera parte será la historia de dicha protagonista, y la segunda parte será un análisis psicológico sobre los aspectos que han podido llevar a la protagonista a sentirse como se está sintiendo y en ella encontrarás herramientas que pueden ayudarte a resolver tu situación.

Dichas herramientas son fruto de todas las terapias y formaciones que he hecho y que he podido aplicar a mi vida y a la vida de mis pacientes, por lo que todo está fundamentado en mi propia experiencia y en los diez años que llevo trabajando con mujeres de distintos ámbitos.

La protagonista de esta historia tiene muchas similitudes conmigo, así como con muchas mujeres con las que he trabajado y probablemente contigo. A lo largo de mi trayectoria profesional, he visto que hay muchas semejanzas entre los seres humanos y, como ya he mencionado anteriormente, la mayor y principal y la que reside en la mayoría de los conflictos emocionales de todos, es la baja autoestima.

En ningún caso quiero decir que los hombres no tengan o puedan tener también baja autoestima, pero me vais a permitir que este libro lo dirija única y exclusivamente a las mujeres, que es con quien más tiempo he trabajado y con las que me siento identificada.

Tras mis años de experiencia trabajando siempre con mujeres, y sin querer pretender lanzar un discurso feminista, creo que hay muchos estigmas sociales que a día de hoy aún perjudican al género femenino. Hay muchos juicios alrededor de la mujer tanto sexuales, de vergüenza, de pudor, asociados a un rol femenino anticuado. Hasta hace dos días la mujer no tenía ni voz ni voto en muchos aspectos y por ello me dirijo en el libro a ellas. No creo en las luchas ni en los extremos, ya que considero que esto solo nos debilita, por lo que como he comentado anteriormente, es una cuestión de cercanía y no de rechazo hacia el género masculino. En los últimos tiempos están llegando a mi consulta hombres fantásticos y maravillosos, que también tienen sus dificultades y por supuesto, sufren por amor.

Si eres hombre, por favor, no cierres el libro y continúa leyendo, ya que como ser humano probablemente también te pueda ayudar.

El objetivo del libro, seas mujer u hombre, es que a partir de una historia con la que te sientas identificado, puedas ver qué está pasando en ti a nivel psicológico y desde ahí puedas poner fin a situaciones insanas.

Espero que disfrutes de estas líneas y lo que es más importante, te sirvan para transformar tu vida. Y sin más preámbulos vamos a comenzar con la gran historia de Noa, la protagonista de esta aventura.

PRIMERA PARTE

La historia de Noa

CAPÍTULO I

"Cuando comienzas a caminar"... Mis primeros pasos en el amor.

Y ¿qué pasa cuando descubres que eres la persona que más te puede querer en esta vida? ¿Y qué ocurre cuando te das cuenta de que eres la persona que más daño ha podido hacerte? Mi nombre es Noa, tengo 35 años y durante mucho tiempo he vivido una vida apática, de infelicidad, de insatisfacción en varios ámbitos de mi vida, pero además, era una de esas personas que dicen que han tenido mala suerte en el amor.

¿Te suena esta frase? ¡Cuántas veces nos la habremos dicho y cuántas veces la habremos escuchado!

Mi primer encuentro con el amor fue ya mucho antes de nacer. Yo fui una niña deseada por mis padres que, aunque muy jóvenes, decidieron descubrir lo que significaba traer un hijo al mundo. Esto es importante porque el simple hecho de ser o no deseado ya condiciona nuestra autoestima en la vida adulta. Así que me puedo sentir afortunada porque fue un embarazo deseado, buscado, y por lo tanto, una niña muy querida ya desde el momento de mi concepción.

A lo largo de mi infancia he vivido amor por parte de mis padres, de mi hermano y he sido una niña muy querida.

Siempre fui la gran "empollona" de la clase, pero era una "empollona" líder, por lo que todos los niños me tenían mucho respeto y cariño así que no tengo ninguna experiencia traumática con respecto a mi infancia. Aunque sí puedo recordar algunas situaciones de crueldad infantil, pero cosas sin importancia.

Si tuviera que destacar algo, lo que sí recuerdo, es que para mí eran muy importantes los resultados académicos, tanto que si en un examen no sacaba un 10 o un 9 me enfadaba mucho y me sentía fatal. Recuerdo una vez, cuando era pequeña, que un maestro que tuve, al cual me da la sensación que no caía muy bien, nos puso un trabajo en clase y yo lo hice corriendo porque siempre tenía que acabar la primera. Necesitaba sentir que los profesores y mis padres me valoraban porque hacía muy bien las cosas y siempre necesitaba la aprobación de los adultos y sus elogios. Terminé el trabajo súper rápido y fui corriendo a la mesa del profesor como una niña inocente y contenta y le dije "¡Ya estoy!" con una gran sonrisa de satisfacción. Y cuál fue mi sorpresa cuando el maestro me dijo en voz alta para que todos mis compañeros lo escucharan.... "Como has ido tan rápido y has querido ser la primera te ha salido tan mal que te voy a poner un 6". ¡Guau! Era lo peor que me podía haber pasado en aquel momento. Me sentí fatal, viendo como todos los niños me miraban, frustrada porque había sacado un 6 y viendo la cara de satisfacción del profesor por haberme ridiculizado delante de toda la clase. Quizá no parezca algo tan traumático, pero para mí sí que lo fue, y lo creo así porque, aunque no tengo muchos recuerdos de mi infancia, este es uno de los que se me ha quedado marcado.

Todo esto lo explico porque siempre he sido una niña que ha necesitado mucho la aprobación de los adultos. Por ello, mi padre venía siempre el último día de colegio a buscarme y miraba mis notas y como sabía que serían excelentes pues me llevaba a la tienda que había en frente del colegio y me compraba lo que quisiera.

Para mí era el mejor día del año porque mi padre me venía a buscar al cole (él era trabajador autónomo por lo que trabajaba 10 y 12 horas diarias) y estaba conmigo. Mi padre me premiaba dejando de trabajar aquel día y dedicándome un día para mí por mis resultados académicos, por lo que debía esforzarme siempre para tener contentos a mis padres, pero sobre todo a él, mi padre, el Gran Hombre de mi vida.

La relación con mi padre siempre ha sido espectacular, siempre he sido la niña de sus ojos, hemos tenido una gran complicidad y le he tenido muchísimo respeto. La relación de mis padres ha sido una relación normal, con sus cosas, pero ha estado bien, por lo que la imagen que yo tenía de la figura masculina era la de mi padre. Mi referente masculino era él, así que siempre he buscado, supongo que como todas las chicas, un hombre como mi padre.

De pequeña siempre tuve novio, que además fue el mismo toda la EGB, aunque si realmente lo pienso no sé por qué decíamos que éramos novios, pero el caso es que era él, el más guapo de clase, ese era mi novio.

También recuerdo que ya desde bien pequeña se enamoraban de mí los niños más "indefensos de la clase" y creo que en el fondo era porque yo iba de salvadora por la vida, empatizaba con ellos, los trataba muy bien, los defendía de los ataques de los compañeros y al final acababan enamorándose de mí.

No puedo quejarme ya que era una chica popular y gustaba a los chicos, aunque yo no estaba por la labor. La verdad es que no hacía mucho caso al amor, tenía a mi novio por tenerlo, pero con respecto a esto, era más infantil que las chicas de mi edad.

Recuerdo que jugábamos al conejo de la suerte (juego que si tienes menos de 34 años quizá no conozcas) y yo no quería dar besos a los chicos, me sentía muy incómoda... supongo que en mi inconsciente ya estaban funcionando, las creencias, que más tarde he podido descubrir me habían sido impuestas. (Explicación en la parte teórica).

Así fue pasando mi infancia, sin grandes historias amorosas hasta que llegué al instituto: ¡esa edad tan divertida y difícil a la vez! Recuerdo que entrábamos con 12 años y el primer día estábamos muertos de miedo por ir a un colegio donde había gente mucho más mayor. Aquello era todo un mundo al que poco a poco fui adaptándome y hasta empecé a "coger el gustillo" a eso de las relaciones sociales.

¡Y ahí comenzó todo! ... Con unos 14 años aproximadamente conocí al primer "Gran Amor de mi vida". Él era tan guapo, tan popular... Era un año mayor que yo y recuerdo que cuando lo veía por el instituto de repente comenzaba a temblarme todo el cuerpo y me ponía súper nerviosa. ¡Era una sensación tan bonita!...

Realmente existen esas mariposas en el estómago y lo mejor de todo es que no sabía cómo era de personalidad, simplemente estaba enamorada, loca de amor. Puedo decir que Álvaro fue mi gran amor platónico. Recuerdo que tenía todo: carpetas, estuche, agendas... con escritos sobre el amor que sentía por él, por él y por Brad Pitt (por supuesto mi verdadero gran amor platónico).

¿Cómo alguien al que no conocía me podía hacer sentir dichas sensaciones? ¿Cómo alguien podía haber entrado dentro de mí de forma tan profunda, sin ni siquiera él saberlo y sin ni si quiera haber hecho nada? Pero claro, como supongo estás pensando, no todo es tan bonito como parece y por supuesto también tuvo su parte negativa.

Álvaro se paseaba por el instituto moviendo su melena y todas las niñas suspirábamos por él, y como era de esperar, jamás me hizo el más mínimo caso. Lo veía con otras chicas mayores y me ponía muy triste, recuerdo que escuchaba canciones tristes y lloraba por él, me sentía tan desolada...

Estaba deseando cruzármelo y que al menos me dijera adiós o viniera al patio a pedirme un cigarro (¡en aquel entonces fumaba porque, claro, era muy guay hacerlo!).

Imagínate, estaba deseando que viniera a "aprovecharse de mí", darle un cigarro aunque no me hiciera caso, con tal de poder escuchar su voz unos segundos. Esto, por supuesto, él lo sabía.

¿Cómo podía darse cuenta? ¿Sería por mi cara de boba? El caso es que tanto lo pedía al universo, que él así hacía.

Teníamos una amiga en común y recuerdo que me escribía cartas en clases y me decía: ayer le hablé a Álvaro de ti y me dijo que eres muy maja... Guauuuu aquel era el día más feliz de mi vida. ¡Él había dicho que era maja!

Estuve enamorada de él un par de años y la verdad es que a veces se me hacía cuesta arriba, ya que no tenía ni la más mínima posibilidad con él. Es más, cuando lo veía me daba tanta vergüenza que a veces hasta bajaba la cara y no podía ni mantenerle la mirada. Estaba tan segura de que él podía tener chicas más guapas y mayores que yo, que evidentemente no tenía ninguna esperanza, pero tan solo me conformaba con verlo y seguir imaginando que me decía cosas. ¡El amor era tan bonito, pero se sufría tanto por amor!

Cabe decir que Álvaro era uno de los chicos más populares de la escuela, por lo que como podrás suponer, también era uno de los más gamberros. No estudiaba y siempre estaba metido en problemas, pero a mí eso todavía me gustaba más. Ese rollito malote era perfecto, hacía que me pareciera mucho más atractivo.

Escribía en mi diario cada día explicando lo que me decían de él, si me miraba, si pasaba por mi lado y me saludaba, cualquier cosa. Prácticamente se había convertido en una obsesión y mi vida giraba en torno a él, pero claro era normal, era "¡el Hombre de mi vida!".

Poco a poco fui creciendo y, por supuesto, cada vez era más "apetecible" para los chicos. Dejé de ser una "niñita", para ser una "mujercita". Tenía 16 años cuando en clase de plástica nos agrupaban con otros alumnos y también con los repetidores. Y fue en ese instante, cuando estaba realizando mis circunferencias con el compás cuando de repente... conocí, ahora sí, a ¡" el Gran Amor de mi vida"!

Raúl era tan guapo. Tenía unos ojos azules preciosos que cada dos por tres se cruzaban con los míos verde esperanza. Era un encuentro de miradas constante en que las chispas saltaban.

Él era repetidor por lo puedes imaginar que era del estilo de Álvaro, con la diferencia que éste sí parecía hacerme caso. Era "gamberrete" y le gustaba poco estudiar, pero eso daba igual, porque era uno de los chicos más populares del colegio. Por aquella época yo tenía algún amigo, concretamente había un chico algo más mayor con el que había tenido alguna cita, nos veíamos en la discoteca y a ese chico yo le gustaba bastante, pero claro... no podía resistirme a los ojos de Raúl. El caso es que el otro chico estaba por mí, le encantaba, me decía lo guapa que era y quería tener algo más serio conmigo, pero por extraño que parezca había algo que hacía que yo no lo viera claro, por lo que al final decidí apostar por Raúl.

Un día estaba en el patio del colegio y vino corriendo mi amiga María.

—¡Noa, Noa! Vas a alucinar, tengo que contarte una cosa.

La vi súper excitada y nerviosa y le dije "cuéntame que me tienes en ascuas". Entonces me dijo que estaba en el patio y de repente vino Raúl y le dijo:

—Oye a esa amiga tuya, Noa, ¿qué le pasa? ¿Por qué me mira tanto?

No podía creer lo que estaba oyendo, me temblaban las piernas, el estómago, no sabía ni dónde meterme y le dije a mi amiga que qué le había dicho. Si una cosa no caracterizaba a María era su discreción, a lo que me respondió:

—Pues qué le voy a decir, que te gusta y que quieres estar con él.

Madre mía, en ese momento no sabía qué hacer. No sabía si reír, si llorar, si estar contenta o matar a la bocazas de mi amiga. A lo que yo pregunté que cuál había sido su reacción. Y entonces fue cuando vi el cielo.

Mi amiga me dijo que él le había dicho que también le gustaba y que si quería "enrollarme" con él en fin de curso. Para los que sois menores de 34, enrollarse era la palabra que utilizábamos para decir que nos besaríamos con alguien, como veis un vocabulario muy enriquecedor.

No podía creerme lo que estaba pasando.... Raúl, el chico más guapo del instituto se había fijado en mí y quería estar conmigo en fin de curso. La verdad es que no me lo creía y tuve que preguntar a mi amiga si era cierto, no daba crédito, qué suerte estaba teniendo, y me preguntaba una y otra vez qué había visto en mi este chico para gustarle.

Las siguientes semanas nos veíamos por el instituto, nos saludábamos, pero poco más, porque el trato era que estaríamos juntos en fin de curso. Definitivamente hablé con el otro chico y le dije que no nos veríamos más porque había conocido a otra persona. La verdad que no se lo tomó muy bien, pero yo quise ser sincera porque no quería engañarlo, para mí el respeto hacia el otro era muy importante.

Estaba pletórica y deseando que llegara fin de curso. Era la envidia de muchas chicas y la verdad es que tuve que soportar bastantes críticas en el colegio. Tuve que escuchar cosas como que no era tan guapa como para que él estuviera conmigo y cosas así. No te voy a decir que no me molestara, pero por otro lado yo estaba feliz, así que intentaba no hacer mucho caso.

Hago un inciso para pensar en qué tipo de personas nos convertimos cuando nos gusta alguien. En los años de mi instituto he tenido como tres o cuatro enemigas, chicas que me miraban mal, que me insultaban, que se metían conmigo, simplemente porque nos gustaba la misma persona. Me parece tan horrible a día de hoy... actuábamos como animales, donde "linchábamos" a cualquiera que se acercaba a nuestra presa... ¡es horrible! ¿No se supone que somos animales racionales?

En fin, llegó el momento de irnos de fin de curso y comenzaba mi gran aventura de conquistar al "chulazo" del instituto.

Los primeros días estuve con mis amigas. Nos llevaron a esquiar y a hacer actividades. Cada vez que me lo cruzaba por las habitaciones o por el comedor me temblaba todo, sentía tal nerviosismo que muchas veces agachaba la cabeza y no sabía cómo actuar.

Recuerdo que un día, no sé cómo lo hicieron, mis amigas nos dejaron a solas en una habitación. Cuando me di cuenta, ellas ya no estaban y estábamos los dos solos. Estaba nerviosísima, insegura. Tuvimos una conversación de besugos y me fui para otra habitación.

Cuando llegué todas mis amigas esperaban que nos hubiéramos dado un beso y les dije que solo uno, porque me moría de vergüenza. Seguían pasando los días y aquello no cuajaba hasta que un día en la discoteca vino una amiga mía y me dijo que o tenía algo con Raúl o que él se estaba cansando y al final no pasaría nada.

Me sentí muy amenazada... por primera vez había conseguido que el "chulazo" del cole me hiciera caso y por "tonta" lo iba a perder. Total, que me armé de valor y por fin se dio el gran momento. Creo que faltaron serpentinas y globos porqué estaba toda la discoteca deseando que nos diéramos un beso. Me sentía tan observada... pero a la vez sabía que había hecho lo que tenía que hacer.

Cuando volvimos de final de curso, Raúl quiso hablar conmigo y me dijo que quería que fuésemos novios y comenzáramos a salir. Esta relación duró un mes y en ese mes Raúl ¡me puso los cuernos no sé cuántas veces!

Yo estuve muy ilusionada con esa relación, estaba enamorada, emocionada, y es que hay que ver lo que da de sí un mes cuando estás enamorada. A las tres semanas de salir juntos, de repente noté un comportamiento extraño en él. Dejó de venir a clase, dejó de contestarme a los mensajes y yo no entendía nada. Hasta que un día, una amiga que teníamos en común me dijo que tenía algo que decirme... Raúl había vuelto con su ex-novia.

No te puedes imaginar cómo me sentí en ese momento. No me lo podía creer, pero lo peor de todo no es que no me pudiera creer que él tuviera la poca vergüenza de faltarme al respeto de ese modo, sin decirme nada, dejando que me lo dijera mi amiga, con esa poca valentía, sino que lo que más dolor me producía era que lo había perdido.

Recuerdo que estuve con mi amiga llorando toda la tarde sin poder entender nada de lo que estaba sucediendo. Y a partir de ese momento comenzó mi adicción a Raúl, una adicción que duró aproximadamente un par de años.

Recuerdo que estuvimos como un par de meses sin vernos, hasta que un día comenzó a venir con los amigos que yo iba. Venía con nosotros, me miraba, me sonreía y por supuesto y como seguro estarás pensando... ¡sí! yo me derretía.

Comenzó a venir cada vez más y cada vez más fui volviendo a caer en sus garras. Cuando hacíamos fiestas en casa de alguien o íbamos a la discoteca, se acercaba, se ponía muy cariñoso y yo volvía a picar, y así una vez tras otra. Pero él seguía y seguía con su novia. Esta situación duró mucho tiempo.

Él, por lo que decía, no estaba bien con su novia, pero no podía dejar la relación y me buscaba continuamente. Yo me enfadaba porque era consciente de que estaba jugando conmigo, pero volvía a caer... ¿y qué podía hacer? Estaba enamorada.

Estuvo jugando con mis sentimientos durante dos años, pero lo peor de todo es que yo lo permitía una y otra vez. Estaba "tan enamorada" que los pequeños ratos que podía pasar con él compensaban los momentos de dolor y sufrimiento que tenía después.

Tenía grandes amigas y grandes amigos que me aconsejaban, me decían que yo valía muchísimo, que no merecía aquello, que merecía algo mejor... incluso hablaban con él y le "regañaban", pero aun así seguíamos con la misma dinámica.

Durante esa época, yo no tuve ojos para nadie más, estaba obsesionada con él, y sufría y sufría, y además me regodeaba en mi propio sufrimiento, esperando que llegara el día en que me dijera que por fin había apostado por mí, y esperando seguí. Pero entonces sí llegó el gran día en que por fin pude dar carpetazo a esa relación y en aquel momento sí ¡Conocí al "Gran Amor de mi vida"!

¡Por fin, la vida me estaba sonriendo!

CAPÍTULO 2

"Cuando el amor se convierte en sufrimiento". La relación estable, larga y duradera.

Seguía inmersa en el sufrimiento, deseando que algún día Raúl se diese cuenta de la gran mujer que yo era, como si eso fuese posible. ¿Cómo podía ver Raúl la gran mujer que yo era, lo que se estaba perdiendo si jamás me puse en valor delante de él? ¿Acaso yo sabía la gran mujer que era?

Un día cuando estábamos en el sitio donde nos reuníamos todos, de repente apareció "él". No puedo explicar con palabras lo que sentí en ese momento. Marcos era mayor que yo unos cinco años, yo tenía unos 17 años y él estaba a punto de cumplir 22. Venía de trabajar, con su coche... ¡era de otro nivel, claro! Yo simplemente era una niña que estaba estudiando en Bachillerato, que salía de mi colegio con la mochila a la espalda y él "jugaba en otra liga".

Era un chico muy guapo y, sobretodo, un chico con nombre. Le conocían en todo el barrio y eso hacía que fuese mucho más interesante ya que era muy popular. Pasaba todos los días por donde estábamos nosotros y nos saludaba, pero no teníamos mucha más comunicación, hasta que un día vino donde estaba con mis amigos.

Teníamos que ir al campo ya que nos gustaba más estar allí que en nuestro barrio y teníamos que montarnos en el coche de los chicos, que eran los que tenían el carnet de conducir y un día me tocó montarme en su coche. Yo me sentía bien porque parecía un chico mucho más maduro que el resto de mis amigos, él era mayor, trabajaba y se veía bastante formal. Recuerdo que mis amigas y yo siempre comentábamos que él era muy diferente.

Un día estaba lloviendo por lo que tuvimos que quedarnos dentro del coche con un amigo y dos amigas más. Estuvimos riendo, pasándolo muy bien y comenzó a llamarme un poquito más la atención.

Mis amigas empezaron a darse cuenta de que Marcos hacía más esfuerzos de la cuenta para verme o estar donde yo estaba y por lo tanto empezamos a ver que quizá le podía gustar.

Un día decidimos ir a la discoteca porqué sabíamos que él iba y allí fue cuando comenzó esta historia. Una historia de 10 años con momentos bonitos y felices, pero con muchos momentos de dolor y sufrimiento.

Yo siempre había visto una relación de pareja como algo para toda la vida, la idea que tenía era la de mis abuelos, familiares, mis padres... De hecho, siempre dije que a los 22 sería madre, ese era el concepto que yo tenía: conocer a alguien con 17, estudiar, ponerte a trabajar y ser madre.

Cuando Marcos me dijo que le gustaba y que quería estar conmigo fue como algo increíble ¡Por fin, pude encontrar el amor! En ese momento pensé que la vida me estaba compensando por lo de Raúl... años más tarde pude ver que no fue así.

Yo era muy feliz, por primera vez me sentí amada de verdad. El día que nos dimos el primer beso en la discoteca llegamos donde estaban mis amigos y vi como todos, uno a uno, incluso Raúl felicitaban a Marcos por haber dado el paso de conquistarme. Yo no sabía por qué lo hacían, pero entendí que mis amigos se alegraban de ver comenzar lo nuestro. Años más tarde, he comprendido que me valoraban muchísimo y ellos sabían que Marcos había encontrado a una gran mujer.

Esa misma noche, salimos y mi mejor amiga me dijo que Raúl le había pedido estar con ella. Me pareció increíble que lo hiciera puesto que sabía que ella era mi mejor amiga, pero entendí que estaba tan enfadado y celoso por haber perdido a la "tonta del bote", que quiso hacerme daño con aquello.

La verdad es que en ese momento todo me daba igual, yo estaba feliz y empezando algo muy bonito. Comenzamos a salir y nos veíamos cada día. Marcos estaba mucho por mí, él me enseñó prácticamente a todo en el amor. Yo jamás había tenido una pareja y no sabía cómo actuar, pero aquello me gustaba. Me gustaba como me trataba, me gustaba que quisiera verme cada día, me gustaba que me respetara como mujer, así que comenzamos nuestra relación y se fue haciendo cada vez más seria.

Si algo tengo que decir de Marcos es que él siempre vio que yo era una mujer 10 y que era muy afortunado por tenerme, aunque no siempre supo valorarlo y no supo mantenerlo.

Siempre valoró mi inteligencia y recuerdo que me decía, si algún día lo dejamos será porqué tú tomes la decisión.

Ya al comienzo hubo algún episodio de celos que yo no entendía. Recuerdo un día que yo ya estaba en la universidad y decidimos salir los compañeros de clase. Aquel día Marcos vino a recogerme ya que yo no tenía coche y lo vi muy serio. Le pregunté el motivo y me dijo que no le parecía bien que saliera con los chicos de la universidad.

Yo no entendía nada, porque él salía cada fin de semana con sus amigos y yo nunca le decía nada, yo me quedaba en casa porque mis padres aún no me dejaban salir siempre y sin embargo nunca me enfadaba, pero él aquel día no veía bien que yo saliese.

Yo le dije que no entendía su reacción y explicaba constantemente que lo que le enfadaba era que yo no tuviese dinero para hacer algunas cosas con él, pero sí tuviese para salir. Yo me intentaba justificar diciendo que el dinero me lo daban mis padres y no entendía por qué me recriminaba eso, cuando sabía perfectamente que yo no trabajaba.

Estuvimos discutiendo bastante rato, es cierto que siempre he tenido bastante carácter y que discutía las cosas con él cuando no me parecían bien, pero incluso así me justificaba y defendía constantemente ante él.

Recuerdo que por un momento pensé en no ir a la cena porque ya no tenía ganas, pero había quedado con una amiga y no quería dejarla sola. Aquel día Marcos me "aguó la fiesta" como otros tantos días. Tenía la capacidad de enfadarme y discutir conmigo cada vez que yo iba a hacer algo con mis amigos y esto hacía que ya no me lo pasara bien.

Cuando me iba a bajar del coche recuerdo que yo le había dicho a Marcos que era un egoísta y que no entendía nada de lo que estaba haciendo y recuerdo que me dijo: "porque sea un egoísta ahora no te vayas a liar con otro".

En ese momento me quedé de piedra, no entendía por qué me decía eso cuando yo era una chica muy fiel, jamás le había dado motivos para tener celos y vi en él una preocupación importante. Entendí que todo su enfado era porque se sentía inseguro y celoso y tenía miedo a perderme.

A partir de ese momento fuimos viviendo más episodios de celos. Recuerdo un día que llegamos a casa después de la discoteca y me dijo ¿Quién era ese al que has estado mirando toda la tarde en la discoteca? Yo no entendía nada, yo iba a la discoteca a bailar y él pensaba que miraba a otros chicos. Me dejó en la puerta de mi casa y salió haciendo tal ruido con el coche que pensé se habrían enterado todos los vecinos.

En ese instante sentía un miedo atroz a perderlo, pasaba dos o tres días sin llamarme, sin contestarme al teléfono... era su manera de castigarme. Se ponía agresivo con el coche, daba golpes, veía sus ojos inyectados en cólera mientras lloraba... era un infierno.

Cuando lo veía de esa forma sentía pánico y realmente yo sabía que jamás me hubiera puesto una mano encima, de hecho jamás lo hizo, pero sentía tanto miedo de verlo así que yo no sabía ni responder. Me asustaba su reacción, pero lo que más miedo me daba era que se marchara y no quisiera volver a estar más conmigo.

La dinámica de nuestra relación era esta: él se enfadaba, montaba en cólera y protagonizaba aquellas escenas de celos, estábamos una semana sin comunicarnos, después hablábamos y se solucionaba.

Yo tenía mi orgullo y no lo llamaba, cuando estábamos hablando le decía todo lo que pensaba y le "regañaba", él siempre asentía y me decía que sí tenía razón y así se iban sucediendo los episodios. Siempre tuve la sensación de hacer de madre con él, siempre dándole el sermón, él dándome la razón, hasta la siguiente bronca.

Veía cosas donde no las había. Un día estábamos en la fisioterapeuta porque habíamos tenido un accidente de coche y cuando me estaba haciendo el masaje, entró su compañero a coger una crema. Fue un nuevo episodio de sus celos injustificados, le dijo al chico que no entrara más cuando yo estuviera en el despacho y después, evidentemente, discutimos.

Yo sentía vergüenza a veces, sentía vergüenza de que le hubiera dicho aquello a aquel chico y de lo que podrían pensar aquellas personas de mí. Cuando salimos le dije que no me parecía bien lo que había hecho y finalmente desató su ira conmigo, poniéndose furioso y diciéndome que probablemente a mí me gustaba que ese chico me viese en ropa interior. En ese momento no pude sentirme más humillada, ¿mi pareja me estaba tratando como a una "fulana" o qué? Él no era capaz de entender que su reacción era desmedida y además me culpabilizaba siempre de su enfado.

Estas discusiones fueron constantes los dos primeros años de nuestra relación. Yo tenía claro que él no tenía razón, que yo no tenía culpa de sus celos, pero aun así lo perdonaba una y otra vez.

Puedo reducir a dos las emociones que sentía cuando se daban estas situaciones, normalmente acompañadas de alcohol: vergüenza y miedo... mucho miedo.

Yo intentaba evitar que los chicos me miraran en la discoteca ya que sabía que, si a alguno se le ocurría acercarse, habría problemas por lo que me convertí en una sufridora constante que hacía todo lo posible por evitar situaciones incómodas. Recuerdo toda mi relación con Marcos con un nerviosismo interior constante por no saber nunca qué iba a pasar...

Esa sensación la tuve mucho tiempo, es una sensación de intranquilidad y de nervios en el estómago constante, tanto, que te acostumbras a vivir con ella y casi la normalizas creyendo que es cosa tuya.

Cuando se enteraba de los chicos con los que había estado antes que él se enfadaba, me decía que le decepcionaba. Él no podía soportar mi pasado, cuando mi pasado era un cuento infantil comparado con el suyo. Todo lo que tuviera que ver con chicos era un tema muy delicado y estaba muy orgulloso y así lo decía, de ser la persona con la que perdí la virginidad, ya que de no ser así, no sabría si hubiera podido estar conmigo.

Marcos fue mi primer amor y con la persona que perdí la virginidad. Con relación al sexo no puedo decir que él no quisiera mi placer porque sería injusto, pero yo había aprendido a no sentirme merecedora de nada, por lo que diría que jamás disfruté al máximo de las relaciones sexuales con él. Siempre estaba pendiente de él, de su disfrute y de gustarle a él, yo estaba en un segundo plano.

La relación con Marcos siempre fue una relación de continuos problemas. Él desde bien pequeño había sido una persona problemática. Recuerdo que su madre me decía que siempre había sufrido por él y los diez años que pasé a su lado fueron diez años de sufrimiento constante, al final, mi papel era el de madre también ¿no?

Yo lo quería muchísimo y no puedo decir que no hubo momentos bonitos porque no sería justo, pero creo que esos momentos no compensarán nunca los momentos de sufrimiento vividos.

Cuando pasaron unos años, supongo que al estar más seguro de nuestra relación, los celos desaparecieron y no tuvimos más discusiones por ellos. Sí es cierto que Marcos era una persona que cuando salía con los amigos bebía alcohol y le gustaba probar alguna sustancia y esto hacía que se agravara su agresividad.

Yo lo conocía tanto que cuando veía su cara y cómo hablaba, sabía si ese día tendríamos "fiesta" o no y entonces me ponía muy nerviosa. Si un día había bebido más de la cuenta me hablaba mal, estábamos en la discoteca y desaparecía, me dejaba sola con sus amigos... y así fui sintiendo cada vez más, que para él lo importante eran los amigos y la fiesta, no yo.

Yo no digo que no me quisiera... pero lo hacía a su manera. Si quedaba conmigo para cenar, pero un amigo le proponía salir, prefería irse con él, cosa que ocurría muchas veces. No me sentía importante para él.

Sus amigos se reunían en un local donde iban a jugar a la consola y fumar hachís y me hacía estar allí toda la tarde con ellos sentada en un sofá "viendo pasar las moscas".

A día de hoy me pregunto cómo pude aguantar aquella situación. Era joven, quería hacer cosas y nuestra relación cada vez se fue convirtiendo más en una rutina. De la universidad iba al local, estábamos allí con sus amigos y luego yo me iba a mi casa. Le reclamaba que quería tener momentos de intimidad como al principio, que quería estar con él a solas, besarlo, ir a tomar algo y me decía que él ya estaba bien, que a él le gustaba estar allí.

En ese momento hubiera tenido la opción de decidir no ir con él y marcharme yo con mis amigas a otro sitio, pero jamás lo hice. Mis amigas también tenían pareja y poco a poco nos fuimos alejando hasta que mi entorno se convirtió en el suyo. Yo siempre iba con él y sus amigos y no tenía más amigos que ellos.

Siempre era la única chica que había en el grupo, y por cierto, tengo que decir que siempre me sentí muy bien tratada por ellos. Me tenían mucho aprecio y creo que siempre se preguntaron qué hacía yo con Marcos. Puedo decir que estoy muy agradecida porque siempre me trataron con mucho cariño y respeto, mucho más que mi novio.

Era muy triste ver como todo nuestro entorno me valoraba, me admiraba (estoy segura de que más de uno hubiera dado lo que fuera para que yo fuese su pareja) y la persona que estaba a mi lado simplemente me veía como un mueble.

Me fui volviendo apática ya que veía pasar los días siempre de la misma forma. A día de hoy pienso en aquella época y me asalta cierta "ansiedad" al pensar lo infeliz que era, lo poco con lo que me conformaba, lo triste y aburrida que era mi vida.

Cuando nos compramos un piso la cosa no mejoró. Estábamos los fines de semanas enteros allí, o con amigos o solos, y nuestra vida era siempre la misma, rutina y más rutina. Supongo que en algún momento nos dejamos los dos, al principio salíamos, íbamos a tomar algo, a cenar, pero al final mi vida se convirtió en un infierno.

Muchos fines de semana estaba deseando que llegase el lunes para ir a trabajar porque de aquella manera podía hablar con gente y divertirme. Comencé a sentirme aburrida con mi pareja, pero en ese momento estaba tan en mi zona de confort, que jamás me hubiera planteado hacer nada diferente de lo que hacíamos.

Todos los años íbamos de vacaciones al mismo lugar y fuera de las vacaciones nuestro ocio se reducía a ir de casa al local y del local a casa. En ningún caso pretendo responsabilizar a Marcos de todo, evidentemente yo tenía la opción de decidir salir de todo eso, pero lo cierto es que jamás me hubiera imaginado una vida sin él. Él era mi hombre, él era la pareja con la que me había comprado una vivienda y el futuro padre de mis hijos. Tenía muchas cosas que no me gustaban, pero bueno... supongo que como todos ¿no?

A modo de resumen esto fueron los diez años de esta relación y supongo que hubiera seguido en ella de no ser por los acontecimientos que se dieron al final.

Un hecho importante y traumático dentro de nuestra relación se dio cuando llevábamos aproximadamente unos 7 años juntos. Como cada año nos marchamos de vacaciones. Nos encantaba ir al sur y ese año alquilamos un apartamento.

Para mí fueron unas vacaciones como otras cualquiera, pero había momentos por la mañana en que Marcos me decía que se marchaba un rato a desayunar solo. Yo no acababa de entender mucho esa situación, pero me decía que estaba algo agobiado y necesitaba su espacio y yo lo aceptaba... Yo siempre aceptaba todo lo que él quisiera, supongo que tenía tanto miedo a perderlo que al final siempre acababa empatizando con él. Fue una relación donde trabajé mucho mi empatía, a veces creo que demasiado.

Cuando volvimos de vacaciones, un día me dijo que tenía que hablar conmigo. Hecho un mar de lágrimas me dijo que no sabía que le pasaba, que estaba muy agobiado y de repente me soltó que se estaba planteando si quería estar conmigo. En ese momento se me cayó el mundo al suelo, en mi vida había sentido una emoción así, no me podía creer aquello. Tuvimos una conversación muy seria, nosotros jamás habíamos hablado en esos términos y de repente supe que perdía a Marcos.

Yo no entendía nada, habíamos estado de vacaciones y no estábamos mal, no entendía su malestar y me dolía mucho verlo así. Lo veía sufrir, llorar y perdido, él me repetía mil veces que sabía que era la mujer de su vida, una mujer espectacular pero no sabía que le pasaba y necesitaba estar solo.

Yo había adoptado durante la relación con Marcos una dureza brutal, por lo que no solté ni una lagrima, lo abracé como si lo estuviera acunando, le dije que no se preocupara que lo entendía y que le iba a esperar todo lo que necesitara, porque lo amaba y le iba a dar todo el tiempo que precisara.

Se marchó de nuestro piso y de repente me quedé sola. Me derrumbé como nunca antes había hecho, si tuviera que explicar esa sensación creo que nunca podría transmitir todo lo terrible que fue realmente. Sentí como si me arrancaran el corazón, me destrozaran el alma. Es un dolor inexplicable, es muy fuerte, es un creer que te vas a morir; sentí miedo por no saber qué hacer, me sentí sola. Creo que ese día mi corazón tuvo su primera brecha.

Como siempre hacía, me fui para casa y lo oculté a mi familia. Creo que tan sólo se lo explique a mis dos mejores amigas por miedo a que la gente lo juzgara. No quería que nadie pensara mal de él porque realmente vi que estaba muy mal. Siempre lo justifiqué ante la gente, siempre mentí y tapé muchas cosas por él.

Durante los diez años de mi relación jamás expliqué nada a mis padres y creo que además de para cubrir a Marcos, también era para no preocuparlos. He sentido siempre esa gran responsabilidad y ese no querer hacer daño, por lo que he vivido situaciones muy duras que me he tragado, sin pedir ayuda a mis dos pilares en la vida, pero lo último que quería era hacer daño a mis padres.

La noche que se fue Marcos, no pude dormir ni un solo minuto. Recuerdo que al día siguiente tuve que trabajar todo el día con mi padre y no sabía cómo hacer ya que tenía que ir al baño a llorar porque no podía soportar tanto dolor y, porque como he dicho, no quería preocupar a mis padres. Siempre vivía y sufría en silencio, tragándome todas mis emociones, bloqueándolas, suerte que en esta ocasión pude pedir ayuda:

Llamé a una de mis mejores amigas, esa amiga fiel e incondicional con la que a día de hoy aún comparto historias. Esa amiga que te da esa paz al pronunciar sus palabras, y a la que estaré eternamente agradecida.

Comencé a perder peso y cada vez dormía menos hasta el punto de que el médico me recetó ansiolíticos. Recuerdo esa época como una de las peores de mi vida.

Hasta que un día salimos y nos lo encontramos en la discoteca. Me volvió a conquistar y estuvimos juntos. Ese día creía que todo se solucionaría, luego vi que no. Estuvimos un año con la misma dinámica. Venía a casa, pasábamos la noche juntos o cenábamos, pero después se iba con sus amigos. Me lo encontraba de fiesta con sus amigos y otras chicas y cada vez me sentía más insegura y celosa. Yo jamás había sido celosa, pero este episodio hizo que cada vez tuviera más celos y miedo a causa de las demás chicas. Las veía a todas más guapas y mejores que yo y me estaba volviendo loca.

Esa época me sentí como si no existiese. Íbamos a conciertos y estaba desaparecido toda la noche y yo siempre con sus amigos. Sé que ellos hablaban a nuestra espalda porque no entendían cómo yo podía aguantar semejante situación y a día de hoy lo pienso, y tampoco lo entiendo, pero en aquella época de mi vida él lo era todo y fui capaz de soportar dicha situación un año.

Hoy sé que él realmente se sentía mal, ya que lo vi llorando en muchas ocasiones y sé que no quiso hacerme daño, pero también siento que yo cometí el gran error de no valorarme y hacerme respetar y, por no hacerlo, estuvimos sufriendo los dos durante un año.

Él comenzó a acomodarse a la situación y aunque al principio lo entendí creo que los últimos meses me estuvo "tomando el pelo", hasta que un día por fin me puse en valor.

Tal día le dije que si no quería estar conmigo lo dijera, pero que no iba a aguantar más aquella situación. Ahora pienso que ojalá él no hubiera accedido, sabiendo lo que vino después, pero seguramente yo aún debía aprender muchas más cosas.

Marcos hizo un cambio a partir de ese momento y comenzamos a reformar nuestro piso, todo aparentemente genial, con idea de irnos a vivir juntos y formar una familia.

En la relación siempre llevaba yo el mando. Cuando estuvimos arreglando nuestro piso, siempre me veía sola eligiendo materiales, yo era la que decía qué teníamos que pintar, etc. La verdad es que no me sentí apoyada y sentía muchas veces que no le hacía ilusión nada, y esto me desesperaba.

Yo lo justificaba diciéndome que él era así y que como tenía un gran corazón, con eso bastaba, al final me podía dar con un canto en los dientes ya que me era fiel ¿no? En la sociedad muchas veces escuchas cosas como estas, bueno por lo menos te trata bien, por lo menos es fiel, es algo desastre, pero buena persona... total, que al final acabas conformándote. Pasaron dos o tres años donde todo seguía más o menos en la misma línea. Era una relación de conformismo donde faltaban muchas cosas, pero nos habíamos acostumbrado el uno al otro, nos queríamos y dejábamos pasar los días. Yo a veces pensaba si realmente quería estar toda mi vida con él, pero ni por asomo me planteaba dejar la relación.

El último año juntos fue horrible. Marcos perdió su puesto de trabajo en el que llevaba 10 años y empezó nuestra desgracia. Comenzó a tener comportamientos extraños, dormía muchas horas, estaba siempre en la calle, venía a horas que no eran las normales. Los fines de semana lo esperaba para comer y él se despertaba a las 5 de la tarde. Más de un fin de semana se quedaba la comida en la mesa, cuando se levantaba me decía que tenía que salir. Salía y volvía a las 11 de la noche.

Esta tónica se prolongó tanto tiempo que ni me acuerdo. Yo no sabía qué estaba pasando. Me pedía dinero constantemente, venían multas, comenzamos a tener problemas económicos y yo cada vez estaba más perdida.

Perdió grandes cantidades de dinero y siempre tenía excusas, todo era tan extraño... pero lo peor de todo es que yo en ese momento no quería ver nada. Hablaba con su madre y estaba muy preocupada por cómo estaba su hijo y siempre lo achacábamos a que tenía una depresión por haber perdido el trabajo.

Lo amenazaba constantemente con dejarlo si no pedía ayuda al médico, le imprimía currículos para que fuese a buscar trabajo y siempre me decía que iría al día siguiente y todo era mentira.

Cuando llegaba a casa de trabajar a las 9 de la noche muchas veces me detenía un instante en el portal y pensaba para mí... a ver qué me encuentro hoy. Era la sensación de no querer llegar a casa, tener miedo de abrir el buzón por no encontrarme más multas y así iban pasando los días.

Teníamos conversaciones constantemente, le preguntaba qué le pasaba, que porqué estaba actuando así. No teníamos relaciones sexuales, ni siquiera lo intentábamos y yo cada vez estaba más triste. Creo que no he llorado nunca tanto como lo que lloré ese año de mi vida, cada día; constantemente me repetía a mí misma que no quería eso para mí, que eso no era lo que yo merecía.

Hablaba con mi mejor amiga y le decía "te prometo que hoy lo dejo" y cuando volvía a casa hablábamos y me daba tanta pena que no lo hacía... y así iban pasando los meses. Dejamos de ir con los amigos, los fines de semana me despertaba, me iba por ahí, comía con mis padres, dormía la siesta con ellos, me acurrucaba con ellos en el sofá porque necesitaba sentirme protegida y me iba a casa a las 8 de la tarde.

Cuando llegaba, muchos días ni se había despertado y, si era así, se había marchado. Volvía a las tantas de la madrugada y así discurrían los días. No hacíamos nada de pareja, no compartíamos nada, se quedaba dormido por las noches en el sofá y cuando yo me despertaba para ir a trabajar le despertaba y se iba a la cama. Un día y otro día...

Estuvimos un año sin dormir juntos, sin mantener relaciones sexuales, sin salir a ningún sitio, en definitiva, sin vida de pareja. Y lo peor de todo esto es que yo no supe ver qué había.

Se gastó grandes cantidades de dinero, perdió el de su indemnización, intentaba buscar trabajo, pero no encontraba, yo pensaba que tenía mala suerte, pero no me daba cuenta de lo que estaba pasando.

En ese año tuve una de las ilusiones más bonitas de mi vida. Decidí montar mi consulta privada de psicología que compaginaría con mi trabajo. Era un gran paso, ya que siempre me había visto siendo autónoma y trabajando para mí misma.

Íbamos a pintar el despacho con mi padre y esa misma mañana tuve que enfadarme con Marcos. Recuerdo que le dije que teníamos que ir con mi padre a llevar los muebles a la consulta ya que mi padre solo no podía y me dijo que sí. Cuando lo desperté por la mañana me dijo que tenía sueño y que se encontraba mal y no podía ir.

Creo que Marcos tuvo la capacidad de sacar lo peor de mí: la fiera que tenía dentro. Lo hubiera matado, no podía soportar que se implicara tan poco en mis cosas y dejara a mi padre solo aquel día. Me moría de vergüenza si tenía que llegar y decirle a mi padre que mi pareja, el que se suponía que debía apoyarme en mis cosas, se había quedado durmiendo. No podía entender como a él no se le caía la cara de vergüenza y además con el sempiterno miedo de que mi padre se diese cuenta.

Supongo que me vio tan enfadada que hizo el esfuerzo de levantarse. Vino, pero estuvo toda la mañana vomitando, enfermo... total, que al final se marchó a casa. Yo iba mirando la cara de mi padre, y me ponía nerviosa porque sabía que mi él se estaba empezando a dar cuenta de todo.

Mis padres han sido unas personas muy prudentes y jamás me dijeron de él, siempre lo respetaron, lo quisieron, le abrieron las puertas de casa, pero yo sé que ellos en el fondo no querían a alguien así para su hija.

El día que quedamos para pintar vino por la mañana y por la tarde se marchó. Yo mentí a mi padre como siempre y le dije que podía marcharse que Marcos vendría a ayudarme por la tarde. No quería que mi padre viese que estaba sola pintando. Estuve hasta las 12 de la noche pintando mi despacho, sola. Recuerdo ese día como si fuese ayer, llegué a casa y mientras me duchaba me dolían los brazos una barbaridad. El agua de la ducha caía a la vez que las lágrimas por mis mejillas. Lloraba por el dolor tan grande que tenía en todo mi cuerpo, pero sobre todo por otro más grande: el de mi alma.

La semana siguiente hice la inauguración. Fue una inauguración pequeña, invité a mis amigos más íntimos y a sus parejas, mis padres y los de Marcos. Le dije que podía venir más tarde que ya iba yo sola a preparar todo, por supuesto yo siempre haciéndome la independiente y haciendo las cosas sola, y él quedó con sus padres en que vendría con ellos.

Yo estaba feliz y contenta, comenzaba una etapa importante para mí. Comenzaron a venir todos mis amigos, así como sus parejas y él no aparecía. De repente me sonó el teléfono. Era su madre, llorando. Me dijo que habían ido a casa, picaban al timbre y no los escuchaba. Que su hijo estaba durmiendo y no se despertaba y que ella no sabía qué hacer.

Ese día vi a esa mujer destrozada, sintió una vergüenza increíble. Vino al despacho por mí, por hacer ese esfuerzo y se lo agradeceré toda la vida, porque sé que en ese momento se hubiera ido para casa. Supongo que no hay nada más duro que ver que tu hijo no está haciendo las cosas bien.

Si algo tengo que decir es que sus padres han sido siempre unas bellísimas personas, siempre me valoraron, me apoyaron y en muchas ocasiones me dijeron que si quería ser feliz dejara a su hijo. Supongo que no debe de haber nada más duro para una madre, pero eran personas sensatas.

Allí estábamos las dos, las dos mujeres de la vida de Marcos, las que más le queríamos, destrozadas por la vergüenza tan grande que estábamos pasando.

Habían venido los novios de mis amigas y él no estaba allí, en un momento tan importante de mi vida, de nuestras vidas. Porque el negocio era algo para él también. Ese día tomé una decisión y a día de hoy puedo decir que fue la decisión más importante y acertada de mi vida.

Decidí que aquella relación había llegado a su fin. La siguiente semana fui a ver a mi padre y le dije que iba a romper la relación y sorprendentemente mi padre me dijo: "ya era hora hija mía, me tendrás para lo que necesites".

Me costó tanto tomar esta decisión por el miedo a lo que pensarían mis padres, yo lo veía como un fracaso personal y en ese instante me di cuenta de que mis padres estaban conmigo, apoyándome.

Cuando le dije a Marcos que la relación se acabada él ni rechistó. Él había sabido que aquello iba a pasar y ni siquiera me suplicó darle otra oportunidad. En el fondo él sabía que yo no merecía vivir aquella vida.

Se marchó a casa de sus padres y yo me quedé viviendo en el piso, fueron unos días que pasé tan en paz, tan tranquila. Fue como si me hubiese quitado un peso de encima enorme. Sabía que ya había dado el paso y una vez dado no había vuelta atrás.

Un día me llamó mi mejor amiga y me dijo que se había enterado de que Marcos estaba metido en el mundo de las drogas, y de las drogas duras. Yo no me lo podía creer, siempre había fumado "hachís" y había tonteado con alguna droga, pero no podía entender que eso fuese cierto.

Cuando lo llamé para que viniese a hablar conmigo y le dije lo que acababa de saber, me quedé asombrada cuando lo confirmó. Me dijo que sí entre lágrimas, de dolor y de vergüenza supongo, me dijo que tenía un problema grave con las drogas.

Yo comencé a atar cabos, entendí por qué desaparecía tantas horas, porqué dormía tantas otras, por qué esas cantidades de dinero. Me quedé helada, me sentí tan idiota...

No hacía más que preguntarme cómo no me había dado cuenta. No podía entender por qué había entrado en ese mundo, le preguntaba que por qué, que por qué había probado eso. Él tenía un gran problema, una terrible adicción a drogas muy fuertes. Durante toda la relación tuvimos muchas discusiones por las drogas, sabía que en mi familia había habido muchos problemas con las drogas, que yo no las soportaba, que yo era antidroga y aun así me decía me decía que controlaba.

En ese momento me dijo que me prometía que él iba a salir de eso y que volvería a conquistarme, yo supe que eso no ocurriría jamás.

En ese momento creía que todo había acabado, pero no fue así. Teníamos un piso en común que había que vender y los meses siguientes fueron horribles. Estuvo en un centro de desintoxicación ingresado, pero se escapaba y cada vez estaba peor.

Amenazó con destrozar el piso si no le daba dinero, vendió mis cosas... en fin, un puro infierno. Eran las consecuencias que tenía que pagar por haber soportado dicha situación.

Poco a poco pude ir saliendo de su vida y pude comenzar mi gran camino hacia la liberación. Fueron años muy difíciles, estuve muy mal por este capítulo de mi vida, he sufrido las consecuencias hasta hace poco, tuve que realizar terapia psicológica y creo que muchas cosas de las que he vivido en posteriores relaciones han estado contaminadas por esta relación tan traumática.

El Gran amor de mi vida me había fallado, no me había valorado y me había destrozado el alma. A día de hoy no tengo ninguna relación con él, tan sólo hablé con él un par de veces de manera cordial, pero quise olvidarme de él para siempre.

Siempre será una persona que ha formado parte de mi vida. Lo quise como a nadie, pero ya solo siento indiferencia y compasión hacia él.

He podido perdonarte Marcos, porque entiendo que esa situación tan difícil y dolorosa que viví contigo fue un aprendizaje, fue necesaria para que yo entendiera muchas de las cosas que a día de hoy sé. No te responsabilizo de nada, la responsable fui yo por no quererme, por no valorarme y no hacerme respetar, o simplemente por no creerme merecedora de una relación de pareja mucho más sana y bonita. Te deseo lo mejor Marcos y te agradezco todos aquello momentos bellos que también compartimos.

CAPÍTULO 3

La Transición

Una vez finalizada la relación con Marcos, me quedé tan tranquila y en paz que no tenía ninguna prisa por volver a tener una relación de pareja.

Cuando finalizas una relación necesitas ese espacio de tiempo donde volver a encontrarte contigo misma y para volver a tu centro, ya que estas relaciones tan tóxicas hacen que te desgastes y pierdas tu esencia.

Comencé a salir, a disfrutar, a ponerme más guapa, a irme de vacaciones con amigas y que cobraron una gran importancia en este periodo de tiempo y de las que estoy tremendamente orgullosa, porque gracias a ellas pude vivir momentos inolvidables.

Durante los dos primeros años tan solo tuve la ocasión de estar con un amigo muy especial, pero eran encuentros casuales, debido a que él estaba en una relación de pareja también algo tóxica, y en los periodos de tiempo en que no estaban juntos, nos encontrábamos.

Esto aparentemente no estaba mal, ya que era un chico que me hacía sentir bien, especial y me valoraba muchísimo como mujer, pero yo seguía en la desvalorización ya que, de una manera u otra, alguna vez pude fantasear con tener una relación con él más seria y no me daba cuenta de que él ni lo pensaba.

No puedo decir que me sintiera utilizada porque yo quedaba con él también porque quería y pasaba momentos agradables, pero era una relación de encuentros esporádicos, que llevábamos a escondidas y en los últimos tiempos ya no me hacía sentir bien.

Con esto no quiero decir que esté en contra de, como se suele decir los "amigos con derecho a roce", porque creo que cada cual puede hacer lo que quiera, pero en mi caso me conformaba con ser "la otra", verlo solo en ciertos momentos, cuando a él le apetecía y cuando no estaba con su novia, por lo que seguía estando, en cierto modo en la desvalorización y el conformismo.

De todas formas, tengo mucho que agradecer a este chico, ya que gracias a él pude sentirme deseada por un hombre, pude sentir cariño y romper la barrera de la vergüenza que me suponía acostarme con otro hombre que no fuese Marcos.

Él supo darme esa confianza y simplemente por eso ya le doy las gracias.

Como yo suelo decir, fue una relación de transición que me ayudó mucho a volver a ganar un poco más de autoestima, aunque no la suficiente, y volver a recomponer mi corazón de los pedazos que habían quedado de Marcos.

Fueron dos años bonitos, tranquilos, estando conmigo misma y disfrutando de las cosas que no había podido tener desde hacía mucho tiempo.

Curiosamente solo estuve con este chico y muchísima gente me decía: "aprovecha para estar con más chicos, debes abrirte, debes conocer gente", pero yo estaba muy pero que muy cerrada de manera inconsciente.

Conscientemente creía que estaba abierta al amor, pero no era así, y es por ello que no atraía a ningún chico que quisiera una relación seria conmigo, ya que las personas siempre atraemos lo que hay en nuestro interior, y en mí, había tanto miedo a volver a sufrir que con aquella relación esporádica ya me estaba bien.

CAPÍTULO 4

"Cuando entra en juego la pasión". Amor, sexo y locura.

A partir de entonces aproveché para hacer todo lo que me apetecía y me sentía increíblemente bien. Una de mis mejores amigas siempre me decía que llevaba un "Aura de single Ladies". Era la época de la canción de Beyoncé, Single Ladies y estaba disfrutando de mi soltería al máximo.

Un día me dijo que iba a ir a bailar salsa a un sitio y como me encanta bailar allá que fui. Recuerdo que no pude asistir a la primera clase y cuando acabó me mandó un mensaje y me dijo: "Tienes que venir que hay un chico guapísimo para ti".

Yo no estaba muy por la labor, pero el segundo día de clase cuando fui, evidentemente quería ver a ese chico.

En un inicio parecía que no venía, pero cuando estábamos a mitad de la clase allí apareció.

La verdad es que era un chico muy atractivo y bailaba súper bien. Siempre me ha encantado el baile y los chicos que bailan, por lo que me llamó bastante la atención.

Acabó la clase y hubo un momento en que me dijo: estás sudando. De repente sentí tanta vergüenza, que aunque se quedaron allí tomando algo y bailando después de clase, yo me marché a casa.

Tiempo después me dijo que aquel día quiso decirme aquello para "tontear" conmigo y que no entendió por qué me marché; yo interpreté como algo malo lo que para él era un juego de seducción. Tenía la autoestima tan baja, que cualquier cosa me la tomaba como algo negativo. Nos hemos reído mucho de aquella anécdota después.

Pasados unos días, vi que tenía una solicitud de amistad en Facebook y no me lo podía creer, ¡era él! Corriendo llamé a mi amiga para decírselo y las dos estábamos muy contentas. Lo agregué y tardó nada en escribirme un mensaje. Siempre he valorado esto del Sr Grey, como mi amiga y yo lo llamábamos. Siempre he valorado su valentía y su impulsividad, ya que, si algo quería, no se lo pensaba. Desde el momento en que me vio, le gusté y tenía el objetivo claro.

A día de hoy, y después de cinco años, creo que ha sido una de las cosas que hizo que esta relación haya sido tan importante en mi vida, ya que admiro a las personas que no tienen miedo (o eso creía yo), que tienen determinación y que luchan por lo que quieren, aun sabiendo que pueden sufrir.

Si algo caracteriza a Carlos, son sus ganas de enamorarse, su manera de amar intensamente, su fuerza, aunque desde mi punto de vista, no ha sabido gestionarlo de la forma correcta, o mejor dicho, sin que le generase sufrimiento.

Me escribió un mensaje diciendo que nos conocíamos de salsa y mantuvimos un poco de conversación. Recuerdo que aquel día estaba con un amigo y me cogió el teléfono y le dio mi número. A partir de ahí comenzamos a escribirnos por WhatsApp.

Tengo que reconocer que me encantaba el hecho de ser atractiva para un chico, ver que me escribía, que tenía ganas de verme, de conocerme... me hacía sentir tan bien.

Una de las cosas que siempre le voy a agradecer es el gran valor que me ha dado, al menos aparentemente. Siempre me decía mil veces lo guapa que era, como le gustaba y siempre me sentí la mujer más deseada del mundo con él.

Decidimos quedar un día, recuerdo que mi amiga me ayudó a decidir qué ropa ponerme, en fin, esas cosas que hacemos las mujeres, y estaba muy contenta y nerviosa a la vez. Mi barriga era el exponente de esos nervios y del miedo que también tenía.

Ese miedo no me resultaba extraño porque llevaba tantos años acostumbrada a vivir con esa emoción, pero aun así no acababa de entender por qué lo sentía en ese momento. Años más tarde, he entendido que era mi inconsciente que me "alertaba" del peligro que podía correr si volvía a enamorarme (explicado en la parte de análisis).

Quedamos para tomar algo y la verdad es que estuve muy tensa, no pude relajarme, pero aun así no estuvo mal.

Cuando llegué a casa recuerdo que escribí a mis amigos y les dije: "ha estado bien aunque no creo que vaya a más". En ese momento no era consciente de que quien estaba hablando era mi miedo, era mi "Pepito Grillo", y eso que no sabía dónde me estaba metiendo realmente.

Los días posteriores él me escribía y me escribía cosas muy bonitas. Me decía que había estado muy bien conmigo y que quería volver a verme. La verdad es que yo no daba crédito, ya que no había escuchado jamás palabras tan bonitas de un hombre.

Venía de una relación tan distinta que me encantaba, pero a la vez también me aterrorizaba.

Cuando conoces personas tan distintas a lo que tú estás acostumbrada, realmente piensas: "pues quizá ahora sí". Marcos jamás había sido detallista, ni romántico, ni nada por el estilo, en cambio Carlos era todo lo contrario. Mi amiga y yo lo definimos como "intenso", son aquellas personas que viven el amor de una forma tan intensa que cuando todo está bien es espectacular.

Volvimos a quedar esa misma semana, si algo tengo que decir, es que yo también fui muy valiente. Incluso sintiendo miedo y terror, siempre quise volver a enamorarme. Ese día reconozco que él estuvo muy hábil. Me llevó a su terreno, me llevó a bailar. Él se defendía muy bien en ese ámbito, siempre ha bailado muy bien y es tan atractivo que quién puede resistirse a eso.

Ese día estaba yo más nerviosa que en la primera cita y que él, porque para mí era terreno desconocido. Yo no sabía bailar tanto aún y era la primera vez que iba a un sitio de estos. Recuerdo que me puse una falda y un top palabra de honor blanco, iba muy guapa y cuando me vio... lo pude ver en su cara: cómo me miraba, cómo le brillaban los ojos y eso poco a poco fue calando en mi corazoncito. Después de todo, cuando has estado diez años con una persona que jamás se ha fijado en si tu ropa es nueva o de hace mil años, pues estas cosas te encantan.

Nos pusimos a bailar bachata, y fue un momento bastante tenso a nivel sexual ya que siempre recordaré como respiraba en mi oído y lo cerca que lo sentía.

Después de varios momentos así, nos besamos. En ese momento sentí unas sensaciones preciosas. Me gustó mucho como me besó, como me acariciaba y como me hacía sentir... ¿puede haber algo más bonito que sentirte deseada por alguien?

Si me pongo a pensar, creo que jamás había sentido que un hombre me besara de esa manera, con esa intensidad y con esa pasión, como lo hacía Carlos. Pude sentir otra vez esas mariposítas en el estómago que hacía tanto tiempo no sentía y además pude ver como él también las sentía.

Ese día me acompañó a casa y mantuvimos relaciones íntimas. Estábamos los dos muy nerviosos, pero fue un momento muy bonito para ambos.

Me sentía tan poco preparada que hasta le invité a que se marchará a las 2 de la madrugada a su casa. Siempre me reprochó que "lo eché" como un perro y no le dije que se quedara a dormir. Realmente lo hice porque era tan novata y estaba tan perdida que no sabía cómo actuar. Era tan inexperta en citas, en todo... había estado 10 años con la misma persona, las cosas habían cambiado mucho y tenía tanto que aprender...

Seguimos viéndonos y así comenzamos una relación.

Él estaba súper emocionado, lo veía cada vez más contento e ilusionado conmigo, me proponía salir, hacer planes, y algo que siempre voy a recordar, era ese brillo que tenía en los ojos cada vez que me veía.

Siempre tenía una palabra bonita para mí, una sonrisa, una caricia....

Aparentemente todo tenía que estar bien, pero yo no acabada de sentirme relajada del todo. Tenía unas sensaciones extrañas y contradictorias. Cuando estaba con él, estaba muy bien y me sentía muy a gusto, pero momentos antes de vernos tenía tantos miedos...

Recuerdo que un día llamé a mi amiga y casi llorando le decía "no sé qué me pasa, pero tengo mucho miedo, ahora mismo aplazaría la cita porque me muero de miedo".

Yo no entendía por qué me pasaban estas cosas, pero me culpabilizaba. Él me hacía sentir bien, me decía cosas preciosas, lo pasábamos genial y sin embargo yo no estaba disfrutando de todo aquello.

Poco a poco supongo que fui transmitiéndole cada vez más inseguridad ya que actuaba de manera extraña con él. No me dejaba llevar, no expresaba emociones, algunos días quería verme y yo le decía que quería estar sola... me sentía agobiada a veces y no quería ir tan rápido, pero a la vez no quería perder a una persona así.

Unos meses antes, cuando conocí a Carlos, yo había terminado por fin mi calvario con Marcos, me había quedado el piso y estaba viviendo mi soledad como algo increíble y maravilloso. A veces pienso que quizá no fue el mejor momento para empezar algo nuevo.

Cuando él quería venir a casa a dormir yo sentía que invadía mi espacio y mi territorio y en vez de disfrutarlo lo sufría y me ponía extraña.

Poco a poco íbamos discutiendo cada vez más, discusiones bastante tormentosas ya que él no entendía mis reacciones, creo que jamás supo ponerse en mi lugar y yo no supe explicarle lo que me estaba pasando.

Simplemente necesitaba mi tiempo, mi espacio, poder ir ganando seguridad y confianza y él cada vez se sentía más inseguro conmigo. Creo que jamás se había sentido así con una chica, y eso hizo que empezara a decirme cosas feas, tuviera ataques de celos, me culpabilizara constantemente por su manera de ser... en definitiva, cada vez se desvalorizaba más.

En mí había tanto miedo que a la más mínima que veía estas reacciones, se activaba mi mecanismo de defensa y huida y, por lo tanto, para protegerme le amenazaba con acabar la relación y cada vez entrábamos más en bucle.

Fue una relación bastante tóxica sobre todo al principio, ya que había momentos de pasión intensa, y momentos donde teníamos discusiones muy destructivas para los dos.

Finalmente, a los seis meses me di cuenta que no podía más, no quería seguir discutiendo de esa forma, no quería seguir sintiéndome así y tampoco quería hacerle sufrir más. Entendí que no podía darle lo que él quería y por lo tanto decidí finalizar la relación.

Ese día fue horrible porque vi como realmente le hice daño, aunque por supuesto sin ninguna intención. Yo entendí que esta relación no nos llevaba a ningún sitio, discutíamos mucho, y me sentí muy agobiada por sus mensajes, su culpabilidad, y sentía que él no podía entenderme, probablemente él tampoco se sentía comprendido por mí.

Pasaron dos semanas horribles, soy consciente de que él lo pasó muy mal, ya que me enviaba mensajes y me decía que quería volver conmigo. Yo me hice bastante la dura porque alguien tenía que poner sentido común y reconozco que en algunos momentos fui bastante fría, pero no supe hacerlo de otra forma. Evidentemente él no entendía nada y con razón, no hubo una buena comunicación y una gran falta de empatía por parte de los dos, así que cada uno estaba en "su película".

Durante el mes que estuvimos separados no había día que no llorara porque lo echaba muchísimo de menos. Me sentía fatal por lo que estaba pasando, era consciente de que estaba perdiendo a un chico que me gustaba, que me hacía sentir bien y al que echaba mucho de menos, pero a la vez tenía tanto miedo, que no podía avanzar.

Estaba paralizada y me daba cuenta de que tenía un problema y de que quizá no tenía tan superada la relación con Marcos y tenía que pedir ayuda.

Así que decidí hacer terapia porque, aunque me había hecho la fuerte, tenía un gran conflicto con las relaciones de pareja y el amor y tenía que poner solución.

Me culpabilicé mucho por lo que hice, aunque a día de hoy entiendo que lo que pasó entre Carlos y yo, fue algo de los dos, no supimos entendernos y los dos estábamos en desvalorización. Él también ha reconocido, que hizo comentarios muy desafortunados, que no me lo facilitó tampoco, pero en ese momento yo me culpé muchísimo.

Al cabo de un mes estaba tan triste por echarlo tanto de menos que una amiga me dijo: "si tan triste estás ve a buscarlo", y así lo hice. Le dejé una nota en el coche con el código de una canción de Youtube que decía... "Te he echado de menos... en todo este tiempo..." y retomamos la relación. Recuerdo que quise hacer algo bonito y romántico para que él sintiera mi arrepentimiento, pasado un tiempo me dijo que tampoco fue para tanto y que le pareció algo ridículo.

Algo que siempre nos ha ocurrido, es que por muy enfadados que estuviéramos el uno con otro, ninguno podía resistirse ante la llamada del otro.

Al principio él estaba muy reacio, y lo entiendo, él quería que le demostrara, pero yo no estaba capacitada para demostrar más de lo que hacía.

Hace poco tiempo, un día, conversando, me dijo que nunca había sentido mis emociones, que siempre me había sentido fría y sin expresión y que se había dado cuenta de que era una persona muy sensible, pero que durante la relación, jamás lo había sentido.

Yo no he sido nunca consciente de esto hasta ahora. Yo creía que era una persona que mostraba mis sentimientos, pero por lo visto a él jamás supe mostrárselos o él jamás supo entenderlos.

Retomamos nuestra relación otra vez, volvimos a hacer cosas bonitas, nos íbamos de hotel, salíamos, pero para él nunca era suficiente. Supongo que estaba también en el miedo y siempre me exigía más, siempre quería que le demostrara más y yo sentía que no nos entendíamos.

Seguíamos teniendo discusiones, yo me ponía muy fría, reconozco que me bloqueaba y no intentaba entenderlo desde el amor y él tampoco era capaz de entenderme.

Estábamos cada uno en nuestra película, sin ver que aquello, era algo de dos y que si hubiésemos puesto un poco de nuestra parte las cosas hubieran sido distintas... o no, quién sabe.

En todo ese tiempo creo que una de las cosas que más nos "enganchó" al uno del otro fue el sexo. Cada vez teníamos un sexo más increíble, puedo decir, que él ha sido la persona con la que mejor sexo he tenido, ya que siempre hizo que me sintiera bonita, deseada y la mujer más maravillosa del mundo.

Esto me lo hacía sentir en la cama, pero cuando discutíamos, sentía que era la peor mujer del mundo por no darle lo que necesitaba.

Fue un continuo de locura, con constantes mensajes contradictorios y esto creo que es lo que hizo que esa relación se volviese tan tóxica. Dos personas en continua desvalorización, con apegos y dependencias, amando desde el ego y no desde el amor incondicional. Menuda bomba ¿no crees?

Yo seguí esforzándome para que todo fuese bien, vivimos momentos increíbles y muy bonitos y poco a poco nos íbamos entendiendo, hasta que cuando por fin decidí apostar, y abrir mi corazón, saltar al vacío... me llevé el chasco de mi vida.

Recuerdo un día de navidad comprando ropa interior con mi madre, bonita, para ir a pasar la noche de fin de año con él; habíamos quedado y me dijo que no nos veríamos.

Me pareció tan raro, porqué él siempre quería verme y ese día me dijo que se quedaba a ensayar con una compañera un baile de salsa en su casa.

A mí me pareció una idea algo rara, pero confiaba tanto en que era la mujer de su vida que no me preocupó.

Al día siguiente me escribió un mensaje y me dijo que no estaba bien y que mejor que lo dejáramos.

Me quedé tan parada, no acababa de entender lo que había pasado, justo en ese momento que yo empezaba a abrirme a él y apostar por la relación y él me proponía finalizarla.

Yo me culpé bastante al principio, ya que sabía que no le había dado lo suficiente y quizá se había cansado, me despedí de él con una carta muy bonita, pidiéndole perdón y deseándole lo mejor.

Mi sorpresa fue tan grande cuando al cabo de dos o tres días descubrí que había comenzado a salir con su compañera de baile...

No me lo podía creer, me había hecho sentir tan mal, tan culpable de que lo nuestro se acabara y resultaba que me había sido infiel. Él jamás me lo ha reconocido y jamás lo hará, pero a mí no me hace falta que él lo haga, hay cosas que una sabe, sin la necesidad de que nadie se lo confirme.

De sentirme la mujer más deseada a sentirme una basura. Lloré muchísimo y me sentí fatal porque de repente me sentí engañada y lo peor de todo estafada.

Cómo me podía haber machacado él tanto, diciéndome que no le daba lo que necesitaba, siempre culpándome y al final me cambia por otra de un día para otro.

Cuántas veces me hacía sentir que me quería más que yo a él, que él lo apostaba todo por la relación y yo no... y de repente... ¿así, sin más, me sustituyes? Lo peor de todo esto es que, mucho tiempo después, sigue justificando que hizo aquello por mi culpa, porque yo no supe darle lo que él merecía.

Fue algo que me hizo mucho daño y pasé unas Navidades bastante tristes... aunque no me podía imaginar que no sólo no se había acabado la relación ahí, sino que esto no había hecho nada más que comenzar.

CAPÍTULO 5

"Cuando la droga se necesita cada vez más" Del amor al apego.

Pasadas las Navidades supongo que, como todos los seres humanos, nos proponemos comenzar el año bien y de forma más feliz y, eso es lo que hice.

Decidí olvidarme de él y como además tenía la excusa perfecta porque me había sido infiel y estaba con otra chica, pues ese era mi motor para seguir adelante.

De todas formas, me sentía de una forma extraña y es que, aunque no quería saber nada de él por el daño que me había hecho (eso es lo que yo pensaba, ya que el daño me lo había hecho yo) pues curiosamente me apetecía que me contactara. Necesitaba constantemente ver que no era feliz y que aún seguía echándome de menos.

No sé por qué somos así las personas y no somos capaces de desear lo mejor a una persona con la que hemos compartido nuestra vida, es como un sentimiento de "venganza" o algo por el estilo. Espero que no pienses que soy alguien cruel o algo así, creo que es algo normal que sentimos todos.

La verdad es que la cosa tardó poco y es que, enseguida él se puso en contacto conmigo. A día de hoy pienso, que él siempre ha tenido una gran obsesión conmigo, a veces creo que es porque me quiere y otras pienso que es porque siempre queremos lo que no tenemos... no sé, supongo que eso solo lo sabrá él. Es aquello de querer lo que no tienes, pero cuando lo tienes no lo sostienes...

Me escribía por diferentes vías y volvíamos a discutir, yo le decía que me dejara en paz y que me olvidara, que si ya era feliz con su novia me dejara tranquila. Pero tengo que confesarte que me encantaba que me escribiera.

Creo que mi autoestima subía cuando veía que, aunque él quisiera hacer ver que estaba feliz, todavía necesitaba escribirme y saber de mí.

Yo necesitaba saber que se había equivocado, que ella no le hacía tan feliz y que con ella no disfrutaba tanto. No me preguntes por qué, pero supongo que era la manera de sentirme valorada ya que yo misma no lo hacía.

Él me decía que estaba muy bien, que por fin había encontrado a una chica que lo quería como él se merecía y yo le decía que no entendía que siguiera escribiéndome si era así. Al final volvíamos a hablar y volvíamos a discutir, así que seguíamos con nuestro enganche y con esa droga tan destructiva.

Yo siempre supe que él no estaba bien con ella, que en el fondo se sentía tan desvalorizado por mí que necesitó irse con una persona que estaba enamoradísima de él y le hacía sentirse amado. Al final creo que él hizo con ella, lo mismo que yo hacía con él. Él la "utilizaba" para subir su autoestima, pero no era feliz, porque me decía una y mil veces que con quien quería estar era conmigo, pero que yo no le hacía feliz.

Poco a poco yo comencé a justificar un poco su discurso, quise empatizar con él y darme cuenta de que yo no le había dado seguridad, de que no supe hacerlo y empecé casi a justificar su infidelidad y a engancharme cada vez más.

En el fondo creo que lo veía como a un niño pequeño que necesitaba amor, por ello se fue con ella, pero a quien realmente quería era a mí.

Íbamos hablando de vez en cuando, el discurso se suavizaba, ya podíamos hacer bromas, incluso recordar momentos bonitos que habíamos pasado. Él se daba cuenta muchas veces de que habíamos pasado momentos muy bonitos y quizá no los había valorado y poco a poco creo que fuimos asumiendo cada uno nuestra parte de responsabilidad.

Para él supongo que fue duro, jamás he pensado que haya sido un mujeriego, que quisiera aprovecharse de nosotras, sino que creo que estaba tan perdido que no sabía qué hacer. Quizá cuando leas esto pienses que soy tonta, pero siempre sentí que él tenía muchas dificultades. Sé que me ha querido muchísimo, a su manera, pero el problema es que él no supo quererse y cuando no sabes quererte, no puedes amar al otro.

Se conformaba con estar con una chica que no le hacía feliz simplemente porque ella le daba el máximo, y a mí me daba mucha pena.

Un día me dijo que quería verme y que si podíamos ir a comer. Evidentemente ni me lo pensé y le dije que sí. Creo que ha sido la persona que siempre me ha transmitido más ternura, en el fondo creo que hemos sido muy iguales y siempre he querido estar bien con él y que no estuviéramos enfadados.

Aquel día me puse guapísima para él y nos fuimos a comer a un restaurante. Fue un rato inolvidable, pudimos hablar desde el amor y pudimos expresarnos. Pude explicarle qué me había pasado, el miedo que sentía cuando él me exigía, como yo me distanciaba de él por miedo a sufrir, como sus comentarios me "echaban para atrás" y pudo darse cuenta de la otra parte de la historia.

Recuerdo aquel día como si fuese hoy, recuerdo ver sus lágrimas caer por las mejillas y como me cogía la mano con esa ternura que siempre le ha caracterizado. Yo le decía que no llorara, que todo estaba bien, que yo me alegraba de que estuviera feliz con su chica, me intentaba hacer la dura como siempre, aunque por dentro estaba destrozada.

Estaba deseando abrazarlo, besarlo, pero evidentemente no podía hacerlo. Para mí fue un momento bonito porqué pudimos hacer las paces.

Cuando salimos fuera se montó en mi coche para que lo acercara al suyo, recuerdo que ese día me llamaron mis padres para decirme que mi perro había fallecido. Creo que si no hubiese pasado esto hubiéramos acabado los dos en mi cama, pero a veces la vida parece que te avisa de las cosas, aunque los seres humanos somos más cabezones.

Cuando bajó de mi coche nos miramos a los ojos, pude ver esos ojos brillantes que siempre he visto en él y cómo me miraban… en ese momento fue como si se parara el mundo y solo estuviéramos él y yo, y de repente ocurrió… nos besamos como el primer día. Fue un beso precioso, aunque a la vez amargo.

Ese fin de semana no sabía que pensar, él me bloqueó en el teléfono para que no le escribiera, para que su novia no lo viese y eso me molestó muchísimo. Me sentía sucia, me sentía otra vez la otra y me enfadó muchísimo.

De todas formas, no podía dejar de sentir esos labios en los míos y tener una sensación preciosa dentro de mí.

Me di cuenta de que aún albergaba sentimientos por él, que lo quería y que me gustaba mucho estar con él.

Esa misma semana se puso en contacto conmigo y me pidió disculpas por bloquearme en el teléfono. Yo le dije que no volvería a ocurrir porque yo no quería sentirme la amante de nadie y él me decía que eso no era así. Siempre me había dado mi lugar, aunque en ese momento yo sabía que no lo tenía.

Como ya he mencionado, una característica suya es su insistencia y que cuando ha querido algo no ha descansado hasta tenerlo, por lo que siguió escribiéndome y me volvió a proponer vernos, pero esta vez en mi casa, con la excusa de evitar ser vistos.

Una mañana vino a casa y la verdad que fue algo extraño. Volví a revivir aquellos momentos tan bonitos que habíamos tenido en ella. Nuestras cenas, nuestras películas, tardes de sofá… nuestros momentos más íntimos…

Estuvimos hablando, me estuvo comentando y pudo confesar que no estaba bien con su pareja, que se había dado cuenta de que no la quería y de que no era feliz. Ese día lo vi muy sincero y pudimos conversar al respecto.

Siempre me ha escuchado atentamente y hemos tenido conversaciones muy profundas.

Cuando llevábamos un rato hablando evidentemente saltaban chispas, él y yo hemos tenido siempre una atracción física tan fuerte que no se puede explicar, y en todo momento me sentía deseada por él.

Siempre nos hemos conocido tanto, que con nada más mirarlo sé que está pensando y él conmigo igual. De repente ocurrió, ocurrió lo que tenía que ocurrir.

Aquel día hicimos el amor como nunca. Cuando volví a sentir sus labios en mi cuerpo, sus brazos abrazándome tuve la sensación de estar protegida, en mi zona de confort y quería que se parara el tiempo y no avanzara. Él se sentía muy mal por ser infiel a su pareja, pero a la misma vez sé que quería estar allí conmigo hasta la eternidad. Esto fue por Navidades aproximadamente y en aquellos días me comentó que se había marchado a vivir a casa de sus padres otra vez porque no estaba seguro de su relación con ella.

Ese día me asusté muchísimo porque lo que en un momento parecía que iba a ser un encuentro sexual para divertirme y pasarlo bien se convirtió en un momento de amor. Me di cuenta de que lo que más me gustó fue la sensación que provocaron sus besos, sus abrazos y su calor, más que el acto sexual y eso no me gustaba, eso me asustaba.

Él estaba muy confundido y lo entiendo, ya que tenía una lucha continua entre corazón y mente. ¿Cuántas veces nos sentimos en esa lucha los seres humanos?

Yo iba haciendo e iba hablando con él. La verdad es que me daba igual si tenía pareja o no, porque no seré yo la que juzgue jamás a una mujer por estar con un hombre con pareja, creo que quien debe guardar fidelidad a su pareja es quien la tiene y jamás puedes decir de esta agua no beberé, pero sí es cierto que, a día de hoy, no quiero eso para mí por la sensación tan extraña que me produce.

Simplemente porque ser la amante de alguien, según mi opinión, solo hace que desvalorizarte y nos merecemos ser especiales y únicas y no una más.

Esta es una opinión muy personal, pero es la mía, y eso me seguía haciendo sufrir porque, aunque por un lado me encantaba verlo y hablar con él, sabía que cuando llegaba el fin de semana estaba con ella siendo yo un secreto y eso no me gustaba.

Lo peor de todo es que lo justificaba diciendo que me daba igual porque yo no quería nada con él, pero te tengo que ser sincera, me molestaba muchísimo no ser la única mujer de su vida.

Dos o tres meses después, un día en Semana Santa me escribió y me dijo que ya no estaba con ella. Me quedé muy sorprendida, y me dijo que ella había visto en su teléfono conversaciones nuestras.

Él y yo tan sólo nos acostamos aquel día, pero durante ese tiempo seguíamos hablando por teléfono y ella lo vio.

Ella fue una pobre víctima más del desamor y de la desvalorización ya que estaba con una persona que no era feliz con ella, que no estaba al cien por cien por ella, pero ella seguía ahí. Al final nos íbamos atrayendo entre todos, ya que todos estábamos en la misma frecuencia de desvalorización. Ella se metió en mi relación en Navidades, después entré yo en la suya, y así estuvimos no sé cuánto tiempo, haciéndonos daño los unos a los otros.

Rompieron su relación y comenzamos a vernos más nosotros dos. Siempre con la consigna y la estupidez de decirnos que solo éramos amigos y que no había nada más. Nos engañábamos a nosotros mismos diciendo que solo disfrutaríamos de nuestros encuentros pero que cada uno haría su vida y por supuesto haríamos por encontrar el amor con alguien.

Esto era tan absurdo, es aquello de "disfruta del equivocado mientras llega el adecuado", como si no supiéramos que cuando pones el foco en algo eso es lo que obtienes y te cierras a otras oportunidades.

Era una manera de protegernos ambos, aparentando que no había sentimientos y que simplemente eran encuentros sexuales entre dos amigos que se querían.... Encuentros sexuales que cada vez eran mejores. Llegamos a tener tal complicidad sexual que a veces me decía a mí misma que jamás encontraría una persona con la que sentiría eso que sentía con él.

Él me enseñó muchísimo con respecto al sexo. Pude quererme, valorarme, darme el permiso de sentir placer... y por ello le estaré eternamente agradecida porque siempre había estado muy bloqueada con respecto a este tema y gracias a él pude saber lo increíble que es.

Estuvimos unos meses con esa mentira, haciendo ver que nos veíamos, que no pasaba nada y todo iba bien. No discutíamos, teníamos momentos bonitos de amor y complicidad, pero sin tener que darnos ninguna explicación. Aquello, aparentemente estaba perfecto, aunque no era lo que quería ninguno de los dos.

Casi llegando al verano, me marché un fin de semana con amigas y ese fin de semana lo noté más cariñoso de lo normal. Yo recuerdo que hablaba con mis amigas y me decían "porque no volvéis a intentarlo, pero ahora sí, poniendo toda la carne en el asador. Está claro que os gustáis, que tenéis una química brutal, simplemente haced las cosas de otra forma, quizá ahora esté más seguro y podáis llevar otra relación".

Esta idea me asustaba, creo que seguía teniendo miedo al compromiso, aunque cada vez menos. Aquel fin de semana cuando volví, recuerdo que fuimos a tomar algo y me dijo: "Quiero que lo volvamos a intentar y quiero que se entere todo el mundo de que estoy contigo, te voy a llevar donde bailo para que nos vean juntos porque estoy cansado de que nos escondamos.

Ese día me puse muy contenta, aunque por dentro no acababa de estar del todo convencida, pero supongo que sentía que había ganado la batalla y aquello me hacía sentir bien. Fuimos a bailar y nos presentamos delante de todo el mundo como pareja, así que parecía que todo volvía a comenzar, y esta vez habiendo superado nuestros errores.

Comenzamos a vernos, a hacer planes, a dormir juntos, en fin, a retomar nuestra relación de pareja. Él continuaba bailando con su ex y la verdad es que, aunque no me hacía mucha gracia jamás pensé que podía prohibirle nada y menos eso que a él tanto le gustaba. Le dije que confiaba en él y que no me importaba.

Un día me dijo que tenía que ensayar para la compañía donde estaba bailando y que no nos podíamos ver, que nos veríamos más tarde, tan solo habían pasado una o dos semanas de su declaración de intenciones por lo que yo me sentía tranquila y confiada en que lo nuestro comenzaría a ir bien. Cuando ya anochecía me dijo que no vendría a casa que se quedaba bailando y aquello me pareció raro. Una cosa que siempre he tenido es una intuición para saber cuándo las cosas no van bien, y estaba claro que así era.

Lo llamé por teléfono y le dije que viniese a casa, que teníamos que hablar. Cuando vino a última hora me dijo que no estaba haciendo bien las cosas y que no me quería hacer sufrir, que no tenía claro qué quería y que era mejor dejarlo. Me volví a quedar atónita y no entendía nada de nada.

Al cabo de tres días una amiga me envió una foto donde aparecía él con ella comprando en un centro comercial. No me lo podía creer, había vuelto con ella y no entendía nada. Esta vez no me sentí culpable ya que no me había dado tiempo a demostrar nada.

De todas formas, cuando lo hablamos él seguía diciéndome que no le daba lo suficiente y ella sí.

Utilizó un discurso muy culpabilizador conmigo, me intentaba responsabilizar de lo suyo aunque eso ya no colaba... en ese momento entendí que ese chico no me convenía y que no iba a soportar más sus desvalorizaciones y decidí que se había acabado.

Lloré mucho y me sentí fatal, me sentí tonta por haberme culpabilizado tanto, y me sentí muy engañada, pero a la vez también me sentí tranquila porque ahora sí que sí se había acabado.

Pasé el verano de "aquella manera" y me los tuve que encontrar en alguna ocasión. Me sentía fuerte y poderosa porque seguía escribiéndome alguna vez que otra y cuando me lo encontraba con ella no hacía más que mirarme. Yo sabía que él seguía sintiendo algo por mí, pero que era un cobarde y que además no se entendía a sí mismo, pero lo que tenía claro era que yo no merecía aquello y estaba fuerte... de momento.

Ese mismo verano me fui de vacaciones con mis amigas y conocí a un chico increíble que casualmente era de Barcelona.

Pude volver a ilusionarme, aunque lo nuestro duró un mes porque, aunque era un chico divertido, buena persona, de los que realmente te hace las cosas fáciles, supongo que no estaba preparada para nada en ese momento y antes de hacerle daño decidí poner fin a la relación.

Un día volví a recibir un mensaje de Carlos, llevábamos unos meses sin hablar, pero volvió a escribirme, con la excusa de unos cursos para su empresa. Siempre encontraba alguna excusa para hablarme, ya que para él era como esa droga que jamás podía dejar.

A veces pensaba que era un cobarde pero que me deseaba como la mujer de su vida, otras, pensaba que simplemente era un capricho... Qué más da, el caso es que con él, siempre era todo era tormenta.

Me escribió para decirme que me había visto con el otro chico y que se alegraba mucho de verme feliz (cosa que puedo asegurar no se lo creía ni él). Yo pensé, menuda tontería, pero bueno, le seguí el rollo y no volví a hablar más con él, hasta enero en que me volvió a escribir otro día....

En ese momento yo me había apuntado a una red social para conocer gente y eso estaba haciendo, él me escribió para decirme que ya no estaba con ella y supongo que quería volver a verme, pero en ese momento me sentí fuerte para decirle que me dejara tranquila que quería hacer mi vida... y ya no supe de él hasta pasados unos meses.

CAPÍTULO 6

"Ahora sí, por mis narices, he encontrado el Amor de mi vida"... Cuando fuerzas las cosas con calzador...

Ese año recuerdo que mis Navidades fueron algo tristes ya que me sentía algo vacía y tenía muchas ganas de dar un giro a mi vida. Brindé en las campanadas y me dije: este próximo año sí voy a encontrar al "Gran Amor de mi vida".

A principios de año me habían hablado de una de estas aplicaciones de internet donde se conoce gente y me dije ¿Por qué no? Y me apunté. La verdad es que fue bastante rápido porque quedé con tan sólo tres chicos para tomar algo y el tercero era él: "el Gran Amor de mi vida".

Recuerdo que unos días antes me escribió Carlos, volvía a jugar conmigo, a buscarme, a tocar a mi puerta, pero por suerte lo tuve muy claro. No estaba dispuesta a comenzar un nuevo año con lo mismo, le mentí y le dije que estaba conociendo a alguien. Él se lo creyó y ya no supe nada más de él en un tiempo.

Conocí a Oscar sobre el mes de febrero, y el día que fui a tomar algo con él ya vi que me gustaba. A día de hoy creo que también me forcé un poco a que fuese así y es que me encajaba bastante en el tipo de chico que quería y desde un inicio creo que aposté por esa relación más de lo que hubiera apostado en otro momento.

Quedamos para ir a cenar y tomar algo y recuerdo que aquel día ya tuvimos un pequeño roce discutiendo sobre mi profesión. Él cuestionó un poco la psicología y me dio a entender que la psicología a él no podría ayudarle, recuerdo que ese día ya dejé ver mi carácter y él hizo lo propio. Siempre me dijo que ese día, él ya se dio cuenta de que nuestra relación no sería fácil pero aun así los dos apostamos por ella.

Supongo que teníamos tantas ganas de tener una relación que obviamos cosas que a priori ya deberían de habernos alertado.

Es como aquello de querer tomar un helado de vainilla pero al no estar en la tienda conformarte con uno de fresa, total, es helado igualmente y antes que quedarte sin nada...

El primer día de nuestra cita estuvimos muy a gusto por el Barrio del Born en Barcelona y nos dimos nuestro primer beso. Me gustó bastante y cuando me llevó a casa me dijo que nos volveríamos a ver. La verdad es que desde el primer día que comenzamos a hablar vimos que teníamos bastantes cosas en común y bastante química hablando. Iban pasando los días y todo era bastante fácil.

Desde el primer momento aposté por dicha relación porque tenía muy claro que él era el hombre de mi vida. Él, sin embargo, tenía muchos miedos y bloqueos y desde el principio ya noté como me frenaba. Me advirtió que lo pasó muy mal con la ruptura de su anterior pareja (como si yo no lo hubiese pasado mal) y me dijo que le costaba abrirse.

Él había estado dos años viéndose con una chica y no tuvieron nunca nada.... Siempre me daba a entender que no cuajaban las historias con las que había estado porque a él le costaba mucho encontrar a alguien como su ex novia.

Yo en ese momento confiaba tanto en que era mi amor que me dio igual y estaba segura de que yo lo iba a enamorar. Recuerdo que en nuestra segunda cita me lo encontré serio y ya me comentó que había tenido esa tarde un percance con una chica que le había pedido explicaciones por algo de otra chica. El caso es que desde que conocí a Oscar siempre había "historias" relacionadas con chicas. Él siempre me decía que había apostado por lo nuestro por ser una chica de fuera de su grupo de amigos ya que no quería tener ningún problema con más chicas de su entorno.

En aquella segunda cita ya tuvimos algo más íntimo y me gustó mucho, pero siempre tendré el recuerdo de su cara, seria y preocupada por lo que le había pasado. Ahora mismo pienso que fue muy egoísta por su parte, tener una cita conmigo y estar así, yo no tenía la culpa de eso, pero en aquel entonces yo era tan comprensiva que estuve toda la cita escuchándolo y consolándolo por lo que le había pasado.

Te podrás imaginar qué cita más poco apetecible, él preocupado por una chica que estaba rota por sus "historias" y yo haciendo de psicóloga consolándolo y escuchándolo. Para que luego me dijera que la psicología no le podía ayudar...

Poco a poco fuimos avanzando y estábamos muy bien pero siempre estaban esas frases de... "bueno ya veremos, tenemos que ver qué pasa", etc. La verdad es que me molestaba bastante porque yo sabía que, si no apuestas por una relación desde el principio y dudas tanto, no funcionará, pero jamás tuve la valentía de decírselo, al menos al principio. A lo largo de nuestra relación le intentaba explicar que lo que crees creas y que sí dudaba tanto al final se cumpliría, él siempre me lo cuestionó diciendo que era una tontería.

Cuando llevábamos unas cuantas citas quedamos un día para ir a la playa y fue una cita muy bonita. Estuvimos tomando el sol, abrazados, besándonos y yo estaba muy contenta porque todo marchaba de maravilla. Esa semana de después, yo marchaba a Londres a una formación y nos despedimos el fin de semana como siempre.

Desde que nos conocimos hablábamos cada día por WhatsApp y de repente hubo un día que no me hablaba. A mí me extrañó mucho pero no quise darle mayor importancia y por la noche le escribí preguntándole si todo estaba bien. Él me respondió con un simple "sí, todo bien ya mismo voy a dormir" y en ese momento yo noté que algo pasaba.

No sé explicar la sensación que tuve, es como si te tiraran un jarro de agua fría. Si tuviera que definir mi sensación con Óscar durante nuestra relación, diría que siempre fue la misma: la de un niño pequeño cuando entra ilusionado en algún sitio y de repente llega otro y le dice no te ilusiones tanto que esto no es para ti. No sé, algo así, como si no pudiese dejarme llevar nunca, ni disfrutar de aquello que yo estaba viviendo.

Como me dijo que se iba a dormir le dije que perfecto que solo quería saber si todo estaba bien. Él se dio cuenta de que algo pasaba y me preguntó si estaba enfadada. Yo le dije que no, pero que tenía la sensación de que pasaba algo raro. Él me reconoció que estaba distante y de repente me dijo que estábamos yendo demasiado rápido y que quería frenar un poco todo.

Yo me quedé bastante alucinada porque no entendía nada, después de una cita tan bonita que me dijera aquello. ¿Si íbamos demasiado rápido porque nos apetecía cuál era el problema? En ese momento entendí que había venido el fantasma del miedo y me vi bastante reflejada en la relación con Carlos y por ello lo entendí.

Una vez más, fui la más comprensiva del mundo y le dije que tranquilo, que poco a poco. Como si yo quisiera eso, pero claro, tenía tantas ganas de que aquello funcionara que así lo hice. Hice ver que no pasaba nada, pero tengo que confesarte que aquello fue como una patada en el trasero. Estuve todo el fin de semana en la formación de Londres preocupada y triste porque no entendía qué pasaba. Él era el hombre de mi vida y de repente me estaba "cortando las alas".

Recuerdo que una gran amiga me ayudó bastante y me dijo "no le digas nada y en dos días te hablará". Pasé dos días horribles deseando hablarle, pero hice caso a mi amiga y *voilà*: sucedió. Cuando vio que estuve dos días sin hablarle me escribió, me hice la interesante y ya nunca más dejó de escribirme. La verdad es que odio este tipo de estrategias, no le hables y te hablará, hazte la dura... pero supongo que estás de acuerdo conmigo en que, por una cosa o por otra, funcionan.

Seguimos avanzando y nuestra tónica era hablar cada día por teléfono o por WhatsApp, nos contábamos cosas y los fines de semana solía irme yo a su casa y pasábamos el fin de semana juntos. Fuimos avanzando, conociendo a nuestras familias, amigos y nos hicimos pareja formal. Estuvimos un año de novios bastante bien, aunque él seguía teniendo sus miedos y frenos.

Siempre que discutíamos se agobiaba mucho y me recordaba que había tenido una novia durante cuatro años con la que lo había dejado por discutir y que no le costaría nada dejarme a mí por lo mismo. Me sentía poco importante para él cuando me decía esto, no me gustaba que me comparara con su ex novia, pero lo hablábamos y se solucionaba.

Estuve muy enamorada de él, era un chico muy distinto, un chico formal, con su trabajo, responsable y una persona como se suele decir con la "cabeza muy centrada", pero si tuviera que definirlo lo definiría como una persona muy, muy, pero que muy mental, lo que hacía que jamás se dejara llevar por sus sentimientos, siempre todo muy comedido.

Era todo lo contrario a Carlos, a diferencia de éste, Óscar jamás tuvo impulsividad, todo se lo pensaba mucho, pero yo pensaba que aquello era mejor ya que también hacía que no tuviéramos una relación tan tóxica como la que tuve con Carlos.

Siempre me trató muy bien, aunque era una persona tan exigente con él mismo y tan perfeccionista que también lo era conmigo. Siempre sentía que tenía un padre ahí detrás diciéndome lo que tenía que hacer.

Yo lo conocí en un momento muy delicado de mi vida a nivel laboral. Estaba muy mal en la empresa en la que trabajaba y él me apoyó para dejarla. Comencé con mi emprendimiento y el emprender es algo muy duro que no todo el mundo entiende. Yo me sentía muy insegura a nivel económico y creo que eso no nos ayudó, porque sin darme cuenta me puse por debajo de él en la relación, sintiéndome inferior, como si él fuese mi salvador.

Nuestros problemas de todas formas comenzaron cuando comenzamos a vivir juntos. Cuando llevábamos diez meses yo quería avanzar en la relación. Estaba cansada de vernos sólo el fin de semana ya que lo echaba de menos y quería verlo también entre semana. Un día estábamos cenando en un restaurante y le dije que me apetecía verlo más. Simplemente me refería a verlo un día entre semana para tomar algo y después cada uno para su casa.

Sintió tanto miedo porque creyó que le decía que quería que nos fuésemos a vivir juntos que me dijo que se estaba planteando dejar la relación. Ese día me volvió a caer un jarro de agua fría. No me podía creer lo que me estaba diciendo. Además de no entender que lo único que le pedía era que nos viésemos un día más, me dijo que se estaba planteando romper aquella relación tan bonita que yo estaba viviendo.

Con Óscar siempre tuve la sensación de que vivíamos dos realidades muy distintas. Él creía que discutíamos mucho, yo pensaba que lo normal. Él creía que no nos entendíamos, yo creía que sí. Él me decía que podía estar dos semanas sin verme sin problema, yo me moría por verlo más... en fin, creo que jamás estuvimos en el mismo punto.

Ese mismo día me dijo que, lo había estado meditando seriamente y no quería dejar la relación porque creía que era una persona que valía mucho la pena... yo no pude prestar atención a sus palabras, tenía las otras grabadas a fuego en mi mente.

Creo que siempre le gustó el jueguecito de primero te amenazo, pero después te doy la palmadita... de esta forma ves lo bueno que soy, y esto lo único que generaba en mí era inseguridad y miedo.

Me dijo que dejáramos pasar las Navidades y podríamos valorar si irnos a vivir juntos el año siguiente. Yo le decía que no le estaba pidiendo vivir juntos, pero él no supo entenderme, o yo no supe explicarme.

Pero aquello me dolió tanto, que le dije que ya no quería vivir con él, ya que mis ilusiones se habían disipado. Siempre he tenido un orgullo algo alto, aunque he aguantado muchas cosas, pero ese día me cuadré, aunque por dentro estaba destrozada.

Pasaron unos meses y todo iba fenomenal, aunque a mí cada vez se me hacía más complicado irme el domingo de su casa. Me apetecía estar con él, compartir cosas, lo echaba de menos y no entendía que él no quisiera verme más.

No entendía como llegaba el domingo y no me decía quédate a dormir y se quedaba tan tranquilo viéndome marchar por la cristalera del comedor con mi maleta hacia mi casa.

Me acordé tanto de Carlos en esa época. Estaba viviendo lo que él vivió conmigo y por eso creo que comprendía a Óscar.

A veces, llegué a pensar que el Karma o "la Karma", como decimos mis amigas y yo, me estaba devolviendo todo lo que había hecho yo con Carlos, porque empecé a ver las cosas desde el otro lado.

Entendía que tenía miedos como yo los tuve en su momento y que había que respetarlo, pero como cuando estábamos juntos veía sus muestras de cariño y de amor, también entendía que sí me amaba y que simplemente necesitaba tiempo.

En marzo era nuestro aniversario, nuestro primer año y unos días antes exploté y le dije que no podía más. Que quería verlo más. Ese día me dijo que le había chafado la sorpresa y que me iba a pedir vivir juntos en nuestro aniversario. En ese momento pensé que no era necesario que me lo dijera, al final todo lo que en nuestra relación podía ser algo bonito se convertía en algo feo.

Para celebrar el aniversario nos fuimos a un hotel, le preparé una sorpresa muy bonita. Siempre he sido muy detallista con mis parejas y muy romántica. Cuando estábamos en el hotel me dijo que me fuese a vivir con él. Yo le dije que no, que ya veríamos pero que no quería hacer las cosas así forzadas, que no se preocupara y que ya lo haríamos.

Supongo que, en ese momento, había sentido que quería que fuese como un cuento de hadas, donde el príncipe te pide que te vayas con él para toda la vida, y estaba siendo de todo, menos eso, un cuento de hadas.

En el fondo me moría por irme con él, pero como sabía que él no lo hacía con ilusión no quise hacerlo así. Pasó un mes y como no me volvía a decir nada, para mi cumpleaños le dije que si le parecía que me fuese ya.

Finalmente decidimos que me iría a vivir con él para abril. Yo estaba muy ilusionada y contenta, por fin íbamos a vivir juntos, estaba tan enamorada de él, lo veía el padre de mis hijos y sabía que todo estaba marchando como debía de ser. Sabía que él tenía sus dudas, sus miedos, pero bueno lo entendía y sabía que simplemente tenía que tener un poquito de paciencia y que acabaría entrando, aunque fuese con calzador.

Cuál fue mi sorpresa cuando me dijo que nos íbamos a vivir juntos, pero sin decir nada a nadie de momento. Me iba a vivir con mi chico y no podía contarlo ni a mis amigas ni a mi familia. No entendía nada y por supuesto que se lo dije a las personas más íntimas, pero al final siempre estaban ahí sus miedos y siempre haciendo las cosas desde la mente y no desde el corazón.

Estuvimos viviendo juntos un año. Aquel año de convivencia te puedo asegurar que no fue nada malo y a día de hoy podríamos estar juntos porque, aunque éramos dos personas con un carácter fuerte, sabíamos hablar y discutir. Pero cada vez que teníamos una simple discusión él se ponía muy mal y siempre me decía que no podía soportarlo más.

Recuerdo toda mi relación sintiéndome insegura porque me amenazaba con ponerle fin y yo siempre convenciéndolo de que eso eran cosas normales de pareja y que nosotros teníamos una relación bonita.

Al final te cansas de estar siempre convenciendo al otro y te planteas si estáis viviendo realidades paralelas. Teníamos discusiones tontas como que uno se dejaba la luz encendida y el otro no ponía los pantalones a lavar, para que te hagas una idea, discusiones normales de todas las parejas, pero ya no eran las discusiones sino la magnitud y la importancia que Oscar daba a las mismas.

Tenía tanto miedo de que nos pasara lo que le pasó con su ex novia que al final así sucedió: por lo que "lo que crees, creas".

Yo siempre sentí que él me criticaba y juzgaba, me hacía comentarios absurdos como que no era el prototipo de chica que le gustaba, que no hacíamos buena pareja, que no estaba haciendo bien las cosas con mi negocio, que me estaba engordando... tonterías, frases absurdas pero que, poco a poco te van contaminando y desvalorizando.

No sentí jamás que fuese suficiente para él, siempre había un "pero", siempre se podía mejorar, siempre podía ser mejor para él.

Para él, todo esto eran frases fuera de contexto, para mí era el sentir continuamente como tu pareja te critica y te dice todo lo que haces mal, al final te sientes tan pequeña y tan poco digna de él que eso hace que tu autoestima vaya mermando poco a poco.

Llegué a pensar que era un desastre y que no hacía bien las cosas, cada vez me sentía menos que él.

Si yo le decía "cariño, estoy muy contenta porque ya llevamos muchos días sin discutir", su contestación era "sí bueno, a ver lo que dura". Si discutíamos y lo resolvíamos haciendo el amor, en medio de la intimidad me miraba y me decía "qué voy a hacer contigo". Si íbamos a un viaje fantástico y estábamos todo el día súper bien y le decía "estoy contenta porque estos días han sido preciosos", su contestación era "bueno, en vacaciones todo el mundo está bien, a ver cuando volvamos".

Siempre fue una relación como yo las llamo "sí, pero". Siempre había un pero y al final estaba cansada de ser la única persona que veía futuro en aquella relación.

Las palabras que definirían la relación son cansancio y desgaste. Supongo que poco a poco eso va apagando la llama de la pasión y va haciendo que los dos miembros de la relación entren en una pasividad que finalmente, destruye a la pareja.

Un año nos fuimos de vacaciones donde estaban sus padres, a una isla preciosa. De repente, un día tuvimos una discusión y me dijo que terminábamos la relación.

Aquel año, yo estaba más enamorada que nunca, me fui de vacaciones primero con una amiga a un país extranjero y lo echaba de menos, tenía unas ganas locas de estar con él, me planteaba ser madre en breve... En fin, que volví a sentir el cubo de agua fría.

No entendía nada, jamás he sido una persona ingenua y creo que siempre he tenido los pies en la tierra, pero con Óscar me sentía tan tonta... No podía llegar a entender que yo estuviera pensando en los hijos que íbamos a tener y él me dijera que la relación se acababa.

Aquel día fue horrible, cuando tuve que guardar la compostura, comiendo con sus padres, en un lugar lejos de mi casa, y poniendo buena cara, cuando lo único que quería era llorar y llorar.

Finalmente pudimos solucionarlo porque yo insistí, continuamos, pero siempre he creído, que ahí se formó la primera brecha de nuestra relación.

Entendí que no podía sentirme segura con él, no podía sentirme segura con una persona con la que aparentemente todo estaba bien y de repente me proponía mandarlo todo al carajo... ¿Qué realidad estaba yo viviendo?

Aguantamos unos 5 meses más pero ya no volvió a ser lo mismo. Yo me sentía muy insegura con él y comencé a ver todo lo que antes no veía. Cada vez que criticaba algo de mi forma de ser, cada vez que pretendía hacerme cambiar mi forma de pensar, cada vez que teníamos una discusión por un comentario que yo hacía y no sentía que respetara mi opinión... todo esto hacía que poco a poco se me fuese rompiendo algo.

Pero creo que el día que se me rompió del todo fue un día que vino de viaje. Venía de un viaje donde se había marchado con su jefe fuera y cuando volvió me explicó que habían estado hablando él y su jefe de mí. De cómo me estaba equivocando con la manera de llevar mi trabajo y qué era lo que yo debía de hacer. Ese día me sentí tan decepcionada... No podía entender que mi pareja permitiera a su jefe criticarme, que lo hicieran juntos y que se sintieran con el derecho de juzgarme como si yo fuese una tonta.

Ese día se me rompió todo. Vi que mi pareja no me admiraba, vi que mi pareja no me valoraba, y empecé a hacer un repaso de lo vivido y también vi que mi físico no le gustaba y me di cuenta de que eso no era lo que yo quería.

Durante la relación me acordé bastante de Carlos, porque para él era tan bonita, tenía el mejor cuerpo y me hacía sentir muy deseada. Con Óscar no sentía eso jamás, todo lo contrario, siempre sentía que criticaba mi cuerpo y me sentía muy insegura con él.

Durante la relación con Óscar, me encontré a Carlos una vez y volví a sentir algo o a tener sensaciones físicas. Creo que entre nosotros siempre hubo esa química y atracción sexual y fue patente en aquel momento donde yo no me sentía bonita para mi pareja, pero simplemente nos vimos en el supermercado, nos saludamos y ya está. Siempre he sido una persona muy respetuosa con mis parejas y jamás hubiera hecho nada que hiciera daño a Óscar.

El día que Óscar me contó lo de su jefe recuerdo que estábamos en la cama y no podía dormir. Fue la primera noche que tuve que marcharme de la cama y dormir en la otra ya que me sentía tan enfadada y tan dolida que para mí era imposible dormir con él.

Días después intenté arreglarlo, le escribí una carta diciéndole que necesitaba más de él, necesitaba sentirme más valorada, que me dijera también cosas bonitas, qué cosas le gustaban de mí, no sólo las que no le gustaban... pero él jamás quiso entrar en esto. Su tono siempre era paternalista, y no era capaz de reforzar nada de mí. Creo que siempre me quiso cambiar, creo que le gustaba un porcentaje de mí, pero había otro porcentaje que no le gustaba y estaba conformándose.

Cogí un hotel para nuestro aniversario, pero estaba todo tan roto... recuerdo que estuve todo el fin de semana llorando, y él me decía, tengo la sensación de que nos estamos despidiendo y yo solo callaba, porque en el fondo sabía que aquello era así.

La verdad es que no sabría decir por qué acabó nuestra relación, creo que se fue rompiendo poco a poco hasta que ya no tuvo arreglo. Yo siempre le dije a Óscar que hubo un "clec", y a partir de ahí no hubo vuelta atrás.

Dejé de amarlo, le tenía cariño, me daba muchísima pena, pero no podía amarlo. Estaba muy decepcionada con todo y no podía volver atrás.

Creo que no he llorado más en toda mi vida que con la ruptura de Óscar, porque sentía mucha pena. Había puesto todas mis ganas en esta relación, iba a ser el padre de mis hijos y de repente supe que no sería así, y que otra vez volvía a tener un desengaño amoroso.

Pasamos unas semanas prácticamente como extraños, recuerdo que nos poníamos en el sofá a ver series callados, abrazados, pero no se sentía ya nada... él estaba ausente y yo también, ninguno de los dos se atrevía a dar el paso, pero los dos estábamos deseando que pasara porque aquello era un infierno.

Un día tuvimos una discusión. Comencé un negocio y se lo oculté ya que sentía que me iba a volver a criticar. Cuando se lo dije una semana después, él se sintió muy ofendido por haberle mentido y fue la excusa perfecta.

Ese día estaba como si le hubiese sido infiel, supongo que tenía tanto acumulado que aquella era la excusa y me pidió por favor si me podía marchar unos días a casa de alguna amiga. Ese día yo sabía que si me iba de casa no volvería a entrar. Esa noche dormimos separados y creo que fue la noche que más tranquilos dormimos los dos.

En ese momento sientes un alivio tan grande porque por fin haces lo que deberías de haber hecho hace mucho tiempo.

Por suerte tenía una amiga que me abrió las puertas de su casa, recuerdo que era un viernes, recogí mis cosas y me marché. Ese fin de semana mi amiga estaba fuera y fui a recoger las llaves que me las dio un familiar suyo. Lo recordaré toda mi vida, cómo llegué al portal de mi amiga, con las maletas en la mano y subiendo en el ascensor mientras lloraba desconsoladamente.

Entré en su casa, vacía, sola, oscura... me senté encima de la cama, me acurruqué como una niña pequeña y estuve toda la noche llorando.

Los siguientes dos o tres meses fueron unos meses muy tristes. Fueron meses de mensajes, llamadas y correos electrónicos donde nos dijimos muchas cosas. Nos decíamos cosas muy bonitas, porque he sentido mucho amor por él, pero también nos decíamos cosas feas porque me sentía muy rabiosa por haber acabado así.

Meses después creo que intentó conquistarme otra vez, me pidió muchas veces volver a casa, volver a intentarlo, pero yo no podía.

Me decía que se había dado cuenta de que todas las parejas discutían, que lo nuestro no era para tanto, que podíamos estar juntos porque nos queríamos yo no entendía nada; todo lo que yo le había estado diciendo durante tanto tiempo me lo decía él ahora...

Pero era ya entonces demasiado tarde.

Sentía mucha pena, lloraba y lloraba. Llegaba llorando y me abrazaba a mi amiga, día tras día porque me daba mucha pena hablar con él, me sentía tan rota y no podía olvidar todo lo que había pasado.

Intentaba conquistarme a su manera, pero incluso así me seguía "regañando", diciendo mis defectos, y yo veía que no cambiaba, que él era así, que su forma de ser me hacía daño. Sé que él pasó unos meses muy duros también y sé que se arrepintió mucho porque así me lo dijo, pero también sé que aunque hubiéramos vuelto a intentarlo jamás hubiese funcionado.

Yo me sentía muy desvalorizada con él, me sentía insegura y yo quería otro tipo de persona, más impulsiva, menos mental, una persona que me admirase con mis defectos y con mis virtudes y ese no era Óscar.

Era una persona tan exigente y perfeccionista que siempre viviría insatisfecho y siempre pediría más. Tenía la sensación de que las cosas tenían que ser como él las veía, y dentro de ese paradigma mental, jamás puedes aceptar al otro, jamás puedes amar.

Aparentemente todo estaba bien, y acabamos desde el amor, nos dijimos cosas muy bonitas y siempre desde el respeto.

Durante ese año pude realizar una terapia que me hizo entender muchas cosas, y fue un año realmente duro. Fue el peor año de mi vida, el año en el que bajé a los infiernos y donde vi mis mayores sombras.

Íbamos hablando de vez en cuando, nos env ábamos mensajes, nos preguntábamos cómo estábamos y de repente un día volví a sentir ese dolor tan fuerte en el Alma.

No sé si alguna vez has sentido dolor en el Alma, es algo indescriptible pero que si has sentido, sabes perfectamente de qué te hablo.

Habían pasado seis meses desde nuestra ruptura, pero no hacía ni un mes que habíamos tomado un café....

Un día abrí mi teléfono y ¿cuál fue mi sorpresa? que vi unas fotos en una red social de un amigo suyo. Vi unas fotos donde él estaba con una chica y en ese momento entendí que tenía novia.

No puedo explicarte lo que sentí ese día. Fue un dolor tan fuerte en el corazón que no se lo deseo a nadie. Le pregunté a una amiga que si era lo que yo creía y así me lo confirmó. Me sentía tan dolida.... Recuerdo que aquel día no pude ni ir a trabajar y estuve todo el día metida en la cama llorando. (En mi vida había faltado a trabajar, pero ese día no pude ni moverme de la cama).

Algunos amigos me decían que no entendían por qué me ponía así ya que yo no había querido estar con él, y yo me sentía incomprendida.

Envié un audio a una amiga mía que vivía fuera, llorando como una niña pequeña, con un dolor desgarrador en el alma, y mi amiga sabía perfectamente lo que estaba sintiendo.

Claro que yo había decidido estar sin él, debido a que no podíamos estar juntos porque nos hacíamos daño, pero yo había estado muy enamorada de él, era "el Hombre de mi vida". Durante muchos meses tuve que soportar su chantaje emocional, culpándome, diciéndome que no entendía mi reacción, que era fría, que seguramente estaba con alguien porque no entendía que no quisiera volver con él.

Lloré y lloré porque empatizaba con su dolor, porque me moría de pena de verlo sufrir... y de repente, ahí estaba él, rehaciendo su vida y yo muriéndome por dentro.

En ese momento te sientes tan poca cosa, tan poco importante, dejas de ser la persona de su vida y eso duele muchísimo.

Me sentí engañada, manipulada y ninguneada. Evidentemente si lo piensas de manera racional él ya no tenía nada conmigo y estaba en todo su derecho de estar con otra persona, pero creo que sabes que los sentimientos no son racionales... los sentimientos no se pueden controlar y yo me sentí muy dolida.

Había estado tantos meses "machacándome" por no volver con él, haciéndose la víctima por lo mal que lo estaba pasando, culpabilizándome por no querer volver con él y de repente esto...

Quizá sea difícil de entender o quizá no, pero el corazón no pasa por la razón, y en ese momento, mi corazón estaba roto.

De todas formas, le escribí un mensaje de una manera muy amorosa, le dije que le deseaba lo mejor, que me alegraba de que fuese feliz y que le quería.

Siempre he querido lo mejor para él y siempre lo querré, aunque aquello me estuviera haciendo daño.

Su contestación fue que aquella persona había hecho mucho por estar con él y que por ello había decidido darle una oportunidad, que, en el último café, unas palabras mías hicieron que él tomara la decisión de empezar con ella.

Otra vez más, alguien que me responsabilizaba y culpabilizaba de sus actos, queriendo hacerme pensar que empezó con ella por mis palabras.

En el mensaje sus últimas palabras fueron "aunque te cueste creerlo, todavía te quiero y siempre te querré".

Ese año fue horrible y por suerte el siguiente decidí cerrar capítulo ya con él, para así poder rehacer mi vida.

No te voy a decir que no me acuerde de él, siempre estará presente en mi vida porque fue alguien muy importante, pero a día de hoy está superado.

Lamentablemente no hemos acabado bien, tuvimos una relación buena y desde el amor, siempre le he escrito cosas muy bonitas hasta que un día recibí un mensaje de su actual pareja diciéndome que no le escribiera más y esto hizo que ya no tengamos esa relación.

Fue otro golpe muy duro para mí, ya que creía que podíamos ser dos personas civilizadas, que desde el amor pudieran tener una relación mínimamente cordial.

Después de saber cómo me tomé la noticia de tener pareja, él permitió que ella me escribiera a mi teléfono y me desestabilizara otra vez, en ese momento sentí que no merecía tenerlo ni como amigo ya que alguien que te quiere no quiere que sufras, y para mí aquella situación fue, cuanto menos, bochornosa.

Es una pena que dos personas que se han amado tanto terminen así, y más por terceras personas, pero supongo que realizó la función que tuvo que realizar en mi vida y ya no es necesario tener más relación con él.

Te quise, Óscar, muchísimo, te agradezco todos los momentos bonitos que me diste y te deseo lo mejor. Fuimos unos grandes maestros el uno para el otro.

CAPÍTULO 7

"Cuando todo lo que te has contado simplemente es una película"... Bienvenida a Hollywood.

Quizá este sea uno de los capítulos más importantes para entender todo lo que me ha pasado en la vida. ¿Cuántas veces vemos personas válidas, bonitas tanto por dentro como por fuera y con relaciones tóxicas de pareja?

Me pasé la vida escuchando frases como "eres una chica excepcional", "eres una gran mujer", "te mereces un chico bueno para ti" pero no sabía por qué seguía atrayendo relaciones de pareja que me hacían daño, que me hacían sufrir.

Nadie dice que fueran chicos buenos o malos porque sabemos que eso sería emitir un juicio y ¿quiénes somos nosotros para emitir juicios?

Algo es bueno o malo en base a qué, en base a nuestra percepción de la vida, en base a lo que creemos que es correcto y lo que no es correcto, y en esto no hay verdades absolutas.

Pero lo que sí está claro es que dichas relaciones no habían sido satisfactorias para mí, independientemente de cómo fuesen ellos.

¿Y por qué las personas elegimos relaciones de parejas tóxicas, que nos hacen sufrir?

Cuando finalizó mi relación con Óscar la verdad es que me quedé muy "tocada", ya que había tenido muchas expectativas con él.

Si soy sincera conmigo misma tengo que reconocer que el primer día que lo conocí, yo misma me convencí de que era el hombre de mi vida y quizá a día de hoy tengo que admitir que fue algo que forcé desde el principio.

¿Por qué esa obsesión por encontrar al hombre de mi vida?

En la sociedad desde pequeños nos están adoctrinando para vivir en pareja, ya desde bien pequeños nos preguntan a modo de gracia si tienes novio en el colegio, o si te gusta algún chico y poco a poco vamos creciendo con la idea de que somos la mitad de algo y de que necesitamos a alguien para ser feliz.

Primer error de las relaciones humanas. Ponemos la felicidad fuera, dando el control de nuestra vida a los demás y además poniendo una responsabilidad excesiva en el otro: "Tú me has de hacer feliz".

Esta frase, cuando la oigo me pone los pelos de punta porque es increíble la de personas que opinan así, que la felicidad se la ha de dar su pareja, el trabajo, el coche, los amigos... y mi pregunta es ¿y tú? ¿Qué papel juegas en todo esto?

Este es el primero de los "zascas", y lo digo en plural, porque cuando comienzas con el desarrollo personal te llevas uno detrás de otro. A esto se le llama el despertar de la conciencia y es cuando te das cuenta de que la vida que has estado viviendo, de que la película que te has estado contado es toda falsa y que realmente no sabes nada ni de ti, ni de la vida.

El hecho de tomar conciencia de esto es duro, pero o comenzamos a ser honestos o seguiremos viviendo la vida "como pollo sin cabeza".

Como decía me llevé mi primer "zasca" cuando al finalizar mi relación con Óscar decidí comenzar con una terapia distinta de la que me habían hablado y comenzar a trabajarme más cosas. No entendía qué había pasado, por qué había fracasado esa historia que "parecía" tan real, tan cierta, tan bonita... Él era el hombre de mi vida, el futuro padre de mis hijos y no había funcionado.

Me repetía a mí misma, soy una chica excepcional, me merezco el amor de verdad y a la vez me preguntaba y entonces ¿qué pasa?

Había tenido una relación de diez años muy tormentosa, lo intenté otra vez y pensaba que a la tercera iba la vencida, pero no fue así.

Cuando fui a visitar a mi terapeuta en Girona, ella realizaba una terapia que se llama análisis transgeneracional que consiste en estudiar tu árbol genealógico y ver que patrones de conducta o comportamientos podemos traer heredados de nuestra familia.

Cuando estudió mi árbol y vio la historia enseguida me dijo: "Por mucho que hagas talleres, estudies, trabajes tu autoestima... hasta que no sanes tu árbol seguirás atrayendo a chicos que te traten mal".

Para mí fue como un guantazo bien dado porque en ese momento no entendía nada. Yo insistí y le dije "no, no, Óscar no me ha tratado mal, ha sido un chico que se ha portado muy bien bla bla bla" y ella no me hizo caso y siguió mirando mi árbol. A todo esto, yo ahora en mis terapias a mis clientas les digo, cuéntame otra (refiriéndome a la película).

En el capítulo del Ego, te cuento cómo yo le llamo Pepito Grillo y las historias que se monta este.

Al cabo de un rato me volvió a repetir, hasta que no limpies estas memorias no vas a tener una relación de amor sana.

La verdad es que cuando haces terapia muchas veces el terapeuta te dice aquello que no quieres oír y de repente te entran ganas de salir corriendo y emitir un juicio hacia él y pensar que "está loco". Pero algo que siempre me ha caracterizado es que he tenido mucha fe en la terapia, en la ayuda de los demás y eso hizo que me quedara allí escuchando.

Cuando mi terapeuta me explicó que, debido a mi árbol, yo lleva información en el inconsciente de mi abuela materna, empecé a poner orden en mí. Mi abuela materna fue una mujer duramente maltratada y ha vivido una vida de bastante sufrimiento.

En ese momento me puse a llorar, mi corazón hizo un "clec" y me di cuenta de lo que estaba pasando. Por mucho que hiciera y por mucho que conscientemente quisiera tener relaciones de pareja bonitas, en mi memoria celular había una información de mujeres maltratadas, mujeres sumisas, mujeres abusadas y mujeres con una autoestima muy baja.

Yo estaba repitiendo todos estos patrones para poder así sanarlos, y por lo tanto debía hacer un trabajo personal con todo esto.

En ese momento sentí tristeza y liberación a la vez porque creo que no hay nada más liberador que entender el porqué de las cosas.

Sé que esto puede parecer una información dura, ya que las personas que han formado parte de mi vida evidentemente no se sienten maltratadoras, y este es un tema muy delicado, pero cuando hablamos de "maltrato" hablamos de la desvalorización continua que existe en las personas que no se aman a sí mismas.

Con esto quiero decir que yo también he podido maltratar a algunas de mis parejas en alguna ocasión, creo que nadie está libre de culpa, a no ser que se haga un trabajo personal.

Una de las cosas que más me chocó, aunque a día de hoy estoy tremendamente convencida de ella, es que nosotros somos responsables de todo lo que nos ocurre en nuestra vida y por lo tanto, todo lo que sucede en tu vida, en parte lo estás atrayendo tú, por la información que hay en tu inconsciente.

Yo estaba atrayendo a estas personas, a estas situaciones en mi vida para que se me pusiera delante lo que tenía en mi inconsciente y de esta forma poder liberarlo. Yo llevaba "programas" como los llamamos en terapia, programas de desvalorización, de miedo al compromiso, de relaciones tóxicas, heredados de mi abuela materna y las mujeres de mi familia, que hacían que continuamente atrajera situaciones de este tipo. Hombres con miedo al compromiso, hombres que me culpabilizaban, que no me valoraban, etc...

En el momento en el que te das cuenta de todo esto y eres capaz de aceptarlo, dejas de estar en el rol de víctima, dejas de culpabilizar a la otra persona y de hacerla responsable de tu infelicidad y, por supuesto, coges las riendas de tu vida.

Si yo no podía ser la responsable de la felicidad de Carlos, ellos tampoco podían ser los responsables de mi infelicidad. Y esto es muy importante que lo entiendas, no eres nunca responsable de la felicidad ni de la infelicidad de nadie, así como los otros no lo son de la tuya. Por lo que todo empieza por comenzar a mirar hacia adentro.

Pudimos ver que la mayor información en mi inconsciente era de mi abuela materna y ahí es donde comencé un gran camino de introspección.

Comencé mi gran camino de apertura de conciencia y de liberación de viejos patrones para instaurar otros nuevos en mi vida. Es como si por "fidelidad" al clan, siguiéramos repitiendo sus patrones, y por ello, hemos de liberarlos, para sanar el clan.

Esto se hace a través del ADN, nuestras células llevan impregnadas todas esas informaciones de las situaciones tan duras que han vivido nuestras familias y por ello vamos repitiendo conductas, incluso viviendo en siglos totalmente distintos.

Tú crees que tu miedo al compromiso es porque has sufrido en tus relaciones de pareja, pero lo cierto es que has sufrido en tus relaciones de pareja por llevar ya ese miedo al compromiso en tu información celular. Y como lo que crees, creas; *voilà*.

No te voy a engañar, fue un año muy duro y muy difícil, pero ¿quién dijo que el camino era fácil? Pero lo que sí que puedo asegurarte es que ha sido un camino liberador y transformador.

Todas las terapias aportan algo evidentemente, pero esta puede provocar un gran despertar de la conciencia y por ello estaré eternamente agradecida.

Gracias a esta terapia y a mi terapeuta, pude liberar a mi árbol genealógico de memorias de víctima, de maltrato, de desvalorización y de relaciones de pareja tóxicas y miedo al compromiso.

Si mi abuela había sido una mujer maltratada, en su inconsciente había la creencia de que el compromiso puede hacerte daño, de esta forma, sin quererlo, yo estaba atrayendo relaciones de pareja que me hacían daño, a la misma vez que para protegerme, las finalizaba y de esta forma no me comprometía para no sufrir.

Es un arma de doble filo, no te comprometes para no sufrir, pero si lo haces sufres, porque al final, esas creencias quieren tener razón todo el tiempo.

Estudiar el árbol es muy interesante, ver todas las historias familiares que llevamos y sobretodo abrir la conciencia para entender el porqué de las cosas. De esta forma, te estás responsabilizando de tus actos sin señalar a nadie, y de esta forma, tú eres quien ha de liberar todo esto.

Así es como durante un año y medio estuve inmersa en esta terapia, sanando, liberando memorias y autoconociéndome para poder poner fin a todo esto.

Durante este tiempo puedo decir que no conocí a nadie importante, sí que intenté entrar en algunas redes sociales pero la verdad es que no daba con chicos interesantes para mí, supongo que yo no estaba con la energía adecuada y por ello no era mi momento.

Estaba tranquila, no quería tampoco compromisos y sí que conocí a un chico muy simpático con el me llevaba bien y con el que podría haber tenido algo, pero como siempre, apareció el fantasma del miedo y después de habernos visto unas ocho o nueve veces me dijo, me encantas y sé que alguna cita más y podría engancharme de ti. Yo le pregunté que dónde estaba el problema y él me dijo que no quería comprometerse en ese momento, había salido hacía un año de una relación muy tóxica y larga y quería vivir la vida.

Me quedé un poco a cuadros porque esto ya era el colmo. Alguien que decía que podría enamorarse de ti, evidentemente porque le gustabas, pero que por no querer compromiso dejaba que se enfriara.

En fin, no juzgaré a este chico porque una vez realizada esta terapia entendí que seguramente él también llevaba muchos patrones que debía de limpiar y como yo aún estaba resonando en el patrón antiguo pues seguía atrayendo a chicos que no querían compromiso.

¿No crees que el ver las cosas de esta forma te da más tranquilidad? En otra época de mi vida me hubiera molestado, enfadado, hubiera criticado a este chico con mis amigas hasta la saciedad, porque la verdad es que su comportamiento era algo extraño, pero en ese momento pude entender, aceptar y sobre todo, soltar.

Supe que no quería esto para mí y yo misma cerré capítulo.

CAPÍTULO 8

"Segundas partes nunca fueron buenas"... El retorno de Grey.

Cuando finalizó mi relación con Óscar entré en una especie de autoengaño: me dije que no quería saber nada más de chicos pero después pensé... voy a vivir la vida.

Cuando supe que Óscar estaba con alguien pensé que no podía perder el tiempo y por lo tanto iba a darme la oportunidad de conocer a otras personas. Conocí a algunos chicos, pero la verdad, todo más de lo mismo, y es que, aunque estaba con mi terapia aún no estaba preparada para encontrar el amor sano.

Pero los seres humanos somos muy cabezones y cuando tenemos miedo a quedarnos solos vamos en busca de lo que ya conocemos.

De repente empecé a acordarme de Carlos. Me había sentido tan humillada con Óscar, tan poco deseada, tan criticada, que me acordaba de cómo me hacía sentir Carlos, y en ese momento necesitaba sentir mimos, cariño y elevar mi autoestima.

Siempre habíamos sentido una gran atracción y la verdad es que siempre ha estado ahí. Nos volvimos a ver unas cuantas veces, y como siempre cuando éramos amigos, todo iba genial. Sexo brutal, muchas conversaciones bonitas, caricias y risas. Había algo que hacía que nos entendiéramos a la perfección y siempre teníamos ganas de vernos.

Nosotros mismos nos contábamos la película de que no podía ser, de que solo seríamos amigos porque como pareja no funcionábamos, pero la verdad es que esto era un engaño de nuestra mente.

Teníamos épocas en que nos veíamos más, épocas en que discutíamos y dejábamos de vernos, pero no pasaban más de tres meses sin que uno llamara a la puerta del otro. Era lo que comúnmente se dice un "enganche". A día de hoy puedo decir, que he sido una gran drogadicta de Carlos, al final ¿qué me diferenciaba de Marcos?

¿Acaso las relaciones tóxicas no son igual de dañinas para el cuerpo que tomar cocaína? ¿Sabes lo que se produce en tu interior cada vez que discutes, sufres o lloras? Ahora veo que lo que había en Marcos, también estaba en mí, una adicción a alguien en este caso, que lo único que hacía era llenar mis vacíos. ¿Acaso él no se drogaba para llenar sus vacíos?

Llegó el verano y yo me sentía muy bien, estaba contenta, iba al gimnasio, vivía sola y laboralmente me encontraba en un buen momento así que se puede decir que todo iba rodado.

Había dejado de trabajar en mi terapia tan intensamente, aunque siempre he hecho cosas, pero todo estaba tranquilo.

Después de una temporada sin vernos, probablemente por alguna discusión o porque alguno de los dos había desaparecido, volvimos a coincidir en el gimnasio y comenzamos a vernos otra vez.

Todo era perfecto. Como amigos siempre nos hemos respetado, querido y ha sido siempre muy bonito, pero como pareja siempre ha sido imposible. A día de hoy creo que nos hemos amado de manera incondicional como amigos, pero como pareja hemos estado siempre en el ego. En el momento en que poníamos expectativas el uno en el otro, era cuando se generaban los problemas, pero mientras éramos amigos, al no tener expectativas todo iba viento en popa.

¿Y al final, que son las expectativas? No son más que interpretaciones de cómo crees que deberían ser las cosas y por lo tanto interpretaciones erróneas de la vida, es decir: juicio y mente.

Nos lo pasábamos muy bien, nos íbamos a bailar, a cenar y al gimnasio y no pasaban 3 o 4 días sin saber el uno del otro, siempre bajo la consigna de "somos amigos".

Hasta que un día me di cuenta de que sentía cosas muy bonitas hacia él. El haber tomado conciencia también me había hecho darme cuenta de que quizá cuando comenzamos a salir en la anterior vez yo no estaba preparada. Yo salía de mi relación con Marcos, estaba muy mal, tenía muchos miedos, inseguridades y si a todo esto le sumamos la información de mi inconsciente, es normal que no hubiese funcionado. Comencé entonces a darme cuenta de que jamás di a Carlos la oportunidad que le había dado a Óscar.

No me culpabilizaba, pero sí me responsabilizaba de ello y esto me hacía pensar que quizá si todo hubiese sido distinto probablemente podría haber funcionado ya que como amigos nos amábamos muchísimo y yo sentía cosas muy bonitas cuando estábamos juntos.

Un día quise sincerarme con él y explicarle todo lo que sentía, quise pedirle disculpas por no haberle dado la oportunidad y la verdad es que fue una conversación muy bonita. Creo que sentía la necesidad de tenerla y a él le gustó muchísimo. Toda persona se merece sentir algo similar.

Pude darle las gracias por todo lo que me había enseñado y todo lo que me había dado, y por haber amado como lo había hecho y me sentí muy bien al hacerlo.

Evidentemente él no podía creerse lo que estaba escuchando, jamás me había visto tan entregada y expresándome tan abiertamente e incluso llegó a decirme que sabía que era una persona muy sensible aunque jamás se lo había demostrado.

Esto me dio mucho que pensar, ya que he estado siempre tras mi coraza y quizá por todos esos miedos, creencias y programas, jamás había dejado salir mi verdadera esencia.

Se marchó de vacaciones y la verdad es que creo que esa conversación le llegó al alma. Estuvimos todas las vacaciones hablando por teléfono hasta que finalmente me dijo "vamos a dejarnos de tonterías y de engañarnos a nosotros mismos y vamos a intentar lo que un día se quedó a medias".

Cuando me dijo esto, a diferencia de otras veces no sentí miedo, me dije que por qué no. Yo me había trabajado todo esto y por primera vez quería tener la sensación de que ahora sí había dado esa oportunidad y ahora sí iba a ser yo misma.

Nuestra relación duró unos dos meses más o menos. Incluso por temas míos de mudanzas estuvimos viviendo una semana juntos y tengo que decir que todo siguió igual.

Había momentos preciosos, de amor, de ternura, de caricias, pero había momento de discusión tras discusión. Esto fue muy frustrante para los dos porque nos dábamos cuenta de que después de 5 años seguíamos en la misma tesitura.

Yo no acababa de entender que pasaba hasta que lo vi claro. Yo me había trabajado los programas inconscientes, la desvalorización, la aceptación, el ego, pero él no, él seguía responsabilizándome de su felicidad, exigiéndome, no dándome mi espacio y en algunas ocasiones incluso al sentirse frustrado, humillándome con comentarios dolorosos hacia mí.

Evidentemente yo veía todo esto y me daba cuenta de que ya no estábamos en la misma frecuencia. Él seguía en el ego, en el sufrimiento y en el querer cambiar mi manera de ser. Siempre le he gustado muchísimo como mujer, pero había una parte de mí, esa parte más independiente y emprendedora que él no toleraba.

Tenía tanto miedo a perderme que al final consiguió eso. Una noche estábamos cenando y simplemente hice un comentario donde dije que me gustaría vivir en una casa en la playa. Creo que las personas hemos de tener sueños y objetivos y realmente se desencadenó una discusión muy absurda.

Él entendió que era una persona altiva que no se conformaba con la vida, se vio amenazado porque creyó que no podía darme esa casa y por lo tanto yo no querría estar con él y lo que vino después... tampoco es necesario explicarlo, pero me di cuenta de que estaba poniéndose delante de mí otra vez el programa de la desvalorización y no podía permitir que todo el trabajo que había hecho en estos años se echara por tierra.

Y lamentándolo mucho, decidí romper con dicha relación.

Carlos jamás entendió mi decisión, pensó que había salido corriendo por miedo, como otras veces, y a día de hoy creo que sigue enfadado conmigo y sin entender aún el porqué de mi decisión, espero que si algún día lees este libro me puedas entender algo mejor.

Nos amábamos cuando éramos amigos porque no esperábamos nada el uno del otro, pero cuando éramos pareja esperábamos demasiado. Y realmente ¿el amor no es amar sin esperar nada a cambio?

Carlos siempre será una persona importante en mi vida por todo lo que me dio y aprendí de él, pero ahora sí que sé que aposté por la relación, le di la oportunidad que en su día no supe darle y finalmente no pudo ser.

Me costó mucho entender que no podía ser y estuve algunos meses pasándolo muy mal. Creo que, en esta última etapa, durante nuestras relaciones íntimas, había una conexión muy bonita. Porque, aunque entre él y yo había un sexo increíble, cuando sientes amor y conectas las almas, eso no se puede explicar.

Él intentó contactar conmigo un par de veces, pero al mostrarle lo que yo sentía volvíamos a discutir, no me entendía y además, el por su lado, seguía estando con chicas una detrás de otra para seguir llenando vacíos.

Estuve semanas mirando fotos, conversaciones, acordándome de él, rezando para no encontrármelo, pero sobretodo tenía claro que esa relación no me dejaba avanzar y que jamás podría ser una relación de amor incondicional.

Pude hacer mi trabajo de "desintoxicación" y a día de hoy, después de encontrármelo un par de veces tan solo siento paz y un profundo amor hacia él por haber sido un gran maestro para mí, pero ahora sí que puedo decir que también está finalizado.

Gracias Carlos por haberme dado lo mejor de ti, por haberme amado tanto como sabías y por tener un pedacito de mi corazón. Siempre serás una persona importante en mi vida.

CAPÍTULO 9

"Cuando tu ego quiere volver a aparecer"... Bienvenido Señor Miedo.

Después de todas estas experiencias, de todos estos aprendizajes vividos y de entender tantas cosas, quizá te estés preguntando qué viene a continuación. Pues viene, que tienes que ver en tus propias carnes si todo lo aprendido está consolidado. Y como la vida es tan perfecta, no tardó mucho en ponérmelo delante.

Una de las cosas que más tuve que trabajarme y consolidar para mí muy importante, es que durante todo este tiempo he podido vivir perfectamente sola, disfrutando de la soledad y sin tenerle miedo. Realmente cuando vives sola, estás viviendo contigo misma y te sorprendería saber que hay muchísima gente a la que eso le da vértigo.

La soledad simplemente es un estado y no es ni bueno ni malo, pero la sociedad y nuestra mente la juzgan como algo negativo. No sería la primera vez que alguien te pregunta si tienes pareja y cuando dices que no, de repente se incomodan y comienzan casi a darte el pésame. Esto es debido a que la sociedad entiende que sin pareja estás incompleta.

Pude sentirme cómoda con mi soledad, tranquila, en paz, en armonía y te puedo decir que experiencias de relaciones no tuve muchas. Algunos dicen que no puede ser, que quizá sea demasiado exigente, o que no tengo pareja porque no quiero y cosas por el estilo.

La verdad es que en parte sí, una de las cosas que aprendí y de manera muy clara, es que no quiero tener pareja a cualquier precio y de cualquier forma. Entendí que la pareja suma, no resta y que el amor de pareja es bonito, no necesario y vital.

Ante todo, quiero decir que soy una romántica empedernida y por supuesto me visualizo con el "Gran Amor de mi vida" pero no a cualquier precio.

Creo que esto es muy importante para no caer en más historias tóxicas, sufrimientos, etc.

Pasados seis meses de mi último encuentro tóxico con Carlos, puedo decir que me encontraba en mi centro, en valor y preparada para vivir nuevas experiencias.

La última experiencia con un chico, fue concretamente una muy reciente de la que pude obtener, por supuesto, más aprendizajes. En un inicio, conoces a una persona que quizá te pueda encajar. En primera instancia, lo que te encaja simplemente es un físico, un olor, un algo que no sabes qué es, pero que, probablemente sea química.

En esta ocasión fui yo quien tomó la iniciativa y esto me gustó, ya que siempre había esperado a que los demás lo hicieran y creo que si en la vida te apetece algo ¿por qué no puedes ir tú a por ello?

En este caso, debo darle las gracias en parte, a mi hermano, ya que siempre me ha insistido en el hecho de que las mujeres también pueden tomar la iniciativa.

Quizá son mandatos antiguos, el pensar que ha de ser el hombre quien conquiste, el caso es que esta vez, decidí tirarme a la piscina. Di el primer paso y contacté con este chico, era un chico interesante y decidí dejarme llevar y ver qué pasaba.

La verdad es que cuando te trabajas tanto el amor y estás en una frecuencia elevada, te apetece conocer gente, dar muestras de cariño y vivir experiencias bonitas, y así me encontraba yo, dispuesta a vivir lo que la vida me pudiera ofrecer.

Lo veía bastante receptivo a él y realmente pensé "qué bien, algo fácil y sencillo, genial". Tuvimos una primera cita donde los dos estuvimos muy a gusto, pude observar como en algún momento mi ego quería salir, mi mente, con algunos prejuicios, que si se parece a Óscar, que si esto que dice no me gusta o aquello o lo otro. Recuerda que nuestro ego siempre quiere salir, pero en esta ocasión, yo gané la batalla.

Mandé a mi ego a paseo y le dije: me da igual lo que digas, voy a sentir y vivir. Así comenzó todo a rodar, era fácil y sencillo, dos personas que se gustan, que se llevan bien, que se ríen, que tienen cosas en común y poco más, porque en una semana no da tiempo a mucho más.

Sorprendentemente para mí, lo estaba llevando perfecto, sin preocuparme de si me escribía o me decía algo, sin estrategias de no voy a escribir y así me hago la interesante... esas cosas que a veces hacemos y que son tan absurdas.

Te parecerá una tontería, pero he visto situaciones de amigas que han vivido verdaderas angustias cuando les ha gustado un chico y este no le escribía un mensaje, no les proponía quedar, etc. Algo que puede parecer tan tonto y a la vez es tan desgastante.

Si me apetecía escribirle y hablarle lo hacía, si me apetecía mostrarle cosas de mí lo hacía, me estaba mostrando tal cual soy y eso para mí era todo un reto, no tener la necesidad de agradar ni desvalorizarme en ningún momento.

Mi mente decía, esto va viento en popa, siento que he aprendido mucho en este tiempo y veo los resultados.

Pero cuál fue mi sorpresa, cuando justo el día en que teníamos nuestra segunda "cita", recibo una llamada de esta persona diciendo que sentía que no iba a ocurrir nada más entre los dos y que al ser una persona que valía mucho la pena, prefería decírmelo para así no hacerme daño.

La verdad es que me costó bastante entender qué estaba pasando. Ví a una persona que estaba receptiva, que había atracción física, que le gustaba estar contigo, que nos reíamos juntos, que me decía que valía mucho la pena, pero de repente te dice: "sé que no va a haber nada entre nosotros".

Supongo que te estás quedando como yo, bueno y como todas mis amigas, con la boca más abierta que el túnel del metro. Pero al final, todo es un aprendizaje, ya que en ese momento creo que mi ego se estaba frotando las manos diciendo, aquí sí que me toca salir.

Podía haberme sentido desvalorizada, creyendo que no era suficientemente bonita o interesante para él, podía haber sacado mi lengua viperina y pensar "pero qué se ha creído este" o podía haber reaccionado de muchas formas. Pero lo cierto es que, aunque me fastidió, no te voy a mentir, me sentí muy tranquila y relajada.

Pude hablar desde el amor, entendiendo sin juzgar a esa persona, valorando su honestidad y sobre todo no enganchándome ni al apego ni al sufrimiento.

Sorprendentemente, esta historia me sonaba, y es que en mi relación con Óscar me pasó exactamente igual. Cuando llevábamos tres citas me dijo que íbamos demasiado deprisa y ahí comenzó mi sufrimiento con él, comencé a sentirme cada vez más insegura. Quizá no supe entender que era un hombre asustado por sus experiencias pasadas, aunque también te voy a decir, quizá él tendría que haberse trabajado. Pero en aquella ocasión, al yo estar en desvalorización no lo llevé nada bien y esto hizo que mi inseguridad cada vez fuese más grande con él.

Tampoco era la segunda vez que me pasaba. Me había pasado con el chico que no quería compromiso tras la relación con Óscar.

Pero en esta última ocasión pude reaccionar de una forma totalmente distinta, pude llegar a entender que las personas debemos trabajarnos mucho el tema del amor, ya que son muchos los que no sienten el amor, sino que lo piensan.

Probablemente este chico sabía que estaba ante una persona que podía ser interesante conocer (así me lo hizo saber muchas veces), pero había algo dentro de él que le decía, estoy bien solo, no quiero pareja, no quiero compromiso.

¿Realmente crees que hablaba su alma o era su mente? Mira, yo creo que las personas somos amorosas por naturaleza, y realmente creo que la persona que se cuenta la película lo hace desde el ego. Evidentemente estar solo está muy bien, pero ¿qué problema hay si te enamoras de alguien?

Mucha gente dice que tiene miedo a enamorarse, pero en realizad a lo que tiene miedo es a sufrir, y esto es debido a que se tienen muchos programas y creencias en el inconsciente en las que amor y sufrimiento están asociados. Ante el miedo preferimos recular y de esta forma evitamos sufrir. Pero ¿y si en vez de sufrir sientes, vives y te enamoras? ¿Cuál es el problema? ¿Vale la pena perder la oportunidad de conocer a personas que te puedan aportar, personas interesantes, simplemente por miedos y creencias irracionales?

Cuando comenzamos una relación de pareja nunca somos los mismos, la persona que tenemos delante no es la misma y la situación y el momento tampoco son los mismos. Entonces ¿por qué creemos que el resultado va a ser el mismo? Probablemente por todo aquello que tenemos en el inconsciente que además hace que se vaya repitiendo la historia, atrayendo a personas y situaciones similares a lo largo de nuestra vida.

Pensamos "si me enamoro sufro", por lo que si creemos que nos podemos enamorar salimos corriendo. Lo entiendo perfectamente porque yo también he estado ahí, y tuve que trabajarme todo esto, por eso es muy importante que si estás leyendo este libro entiendas que estas cosas se han de eliminar mediante la terapia, porque si no estaremos abocados al fracaso.

Realmente es una pena que dos personas que se pueden reencontrar, vivir experiencias bonitas, sin expectativas, sin juicios, simplemente sintiendo, lo hagan desde la mente, el ego y el miedo. Y todo esto es a un nivel muy inconsciente.

Una de las cosas más bonitas que me pasaron con este chico fue tener la oportunidad de sentarnos frente a frente y poder hablar sin tapujos. Pude entenderlo, empatizar con él e incluso, por qué no decirlo, amarlo. Amarlo al darle valor como persona, sin menospreciarlo, sin juzgarlo, sin criticarlo, respetándolo y sintiendo todo lo que él estaba sufriendo. Pudo confesarme que tenía miedo, que no quería volver a pasar por situaciones por las que ya había pasado y lo entiendo perfectamente. También llegué a entender algo muy importante y es que los hombres también sufren por amor.

Por primera vez en la vida, un hombre me estaba "rechazando" o me estaba diciendo que no quería o podía tener nada conmigo y yo podía escucharlo atentamente desde el amor. ¡Guau! si algo tengo que agradecerle es el poder vivir eso, sin sentir rabia, rencor y sin juzgar, así como el poder entender que los chicos también sufren, que también tienen miedo y que cada persona tiene sus motivos para hacer las cosas.

Cuando digo "rechazando" es porque muchas veces nos sentimos así. Tenemos tal necesidad de agradar a los demás que si no gustamos o nos dan una negativa nos sentimos tremendamente rechazados.

Creo que la vida me ha puesto esta experiencia en frente para observar mi reacción, totalmente distinta a la de hace unos años, y poder entender que la cuestión principal no va de género, ni de sexos, sino de seres, de almas.

El ser humano sufre muchísimo por amor porque no sabe amar, porque no nos han enseñado a amar. Y ahora siento profundo amor hacia todos los seres humanos, ya sean hombres o mujeres.

Puedo entender que los hombres que pasaron por mi vida probablemente también sufrieron. "Casualmente", y lo pongo entre comillas porque no creo en las casualidades, hace unos días me encontré a Raúl en la discoteca. Sorprendentemente se acercó a mí y me dijo, quiero decirte que lloré mucho por ti. Mi primera reacción fue decirle "bueno yo creo que yo lloré más..." y por primera vez en nueve años pude ver a un hombre arrepentido. Me pidió disculpas, confesó que había sido inmaduro y que no supo gestionarlo de otra forma y me dijo que yo había sido una persona muy importante en su vida.

¿Te imaginas? Aquel chico que me rompió el corazón, también tenía sus sentimientos. Me siento muy afortunada de haber podido vivir esto, de poder ver en estas dos experiencias como los hombres ahora sí me dan valor, y sobretodo ver lo que realmente vengo entendiendo desde hace algún tiempo: alguien que en su día no me había valorado ahora sí lo estaba haciendo, por lo que probablemente el valor no depende tanto de ese alguien, sino de mi propio trabajo personal.

Pude recibir unas disculpas que hicieron que mi alma estuviera tranquila y en paz y pudiera así cerrar ese capítulo desde el amor, y pude ver como reaccioné ante esto de una forma tota mente madura.

Qué bonito seria poder hacer esto con todas las personas que pasan por nuestra vida. Todos merecemos esa explicación, cuando alguien desde la honestidad y el respeto te puede ver como el ser maravilloso que eres y te puede honrar.

Si todos pudiésemos entender esto, no habría tanto sufrimiento por amor. Por ello, si estás leyendo este libro y crees que en alguna ocasión has podido hacer daño a alguien, te invito a que le envíes un mensaje, le llames o hagas por encontrarte con él o ella, y así puedas darle el valor que se merece como persona y puedas liberarte desde el perdón hacia los dos, porque al final, todos hacemos las cosas de la manera que sabemos.

Sinceramente no sé qué pasará, si seguiré teniendo más encuentros y experiencias con este chico, si la vida me depara a otra persona y ¿te digo la verdad? Tampoco quiero saberlo. Porque quiero vivir y sentir la vida y no pensarla.

Ahora puedo estar tranquila sabiendo que atraigo a hombres que me valoran, me respetan y me honran, porque así lo hago yo conmigo misma. Ahora puedo entender que no hay distinciones de sexos sino simplemente almas perdidas que necesitan ser ayudadas.

Mi consejo es que te ayudes a ti misma, haciendo terapia, distanciándote de personas o ambientes tóxicos y empieces a conectar con la esencia de tu alma.

La vida está para vivirla y no para sufrirla, limpia tu inconsciente de basura, miedos, juicios y expectativas y ábrete a sentir lo que la vida te pone en cada momento, sin aferrarte ni apegarte porque la vida sabe lo que es bueno para ti en todo momento. Pide ayuda a profesionales y comienza ese camino tan bonito de transformación.

Espero que ahora entiendas el título de esta novela con el sentido que yo he querido darle, porque "No eres tú (Álvaro, Raúl, Marcos, Carlos ni Óscar) el Gran Amor de mi vida, siempre soy Yo.

SEGUNDA PARTE

Análisis Psicológico

VAMOS A ENTENDER QUÉ ESTÁ PASANDO

Antes de comenzar con esta parte quiero invitarte a que vayas a las últimas páginas donde encontrarás un cuaderno de autoanálisis. En él podrás ir trabajando todos los temas que vamos a tratar porque así de esta forma puedes hacer una introspección sobre ti misma.

Una vez leída esta historia seguramente estés pensando que lo que relata son anécdotas comunes y no tan comunes. La verdad es que en los años que llevo de profesión he visto situaciones de todos los colores, tanto de hombres como de mujeres, de distintas clases sociales y a la conclusión a la que llego finalmente es que todo el mundo sufre por amor.

Es una pena que los seres humanos hemos racionalizado algo tan bonito como es amar y lo hemos convertido en algo tan mental que nos pueda llevar a emociones tan negativas como el sufrimiento.

Existe una clara dicotomía de frecuencias: en un lado están las frecuencias más bajas como el miedo, el sufrimiento, la rabia, los celos, el apego y todas las emociones más negativas y en el otro lado tenemos el amor. Es muy importante entender que el amor no es sufrimiento. Por lo tanto ¿Por qué sufrimos tanto por amor?

Desde mi punto de vista, no nos enseñan a amar de manera incondicional, y lo que es peor, no nos amamos a nosotros mismos. Cuando alguien no se ama, acepta y respeta, es muy difícil amar al otro aceptándolo tal cual es y ahí es donde comienza el amor egoico, el amor desde el Ego.

Cuando nacemos ya somos egoístas, solo queremos la atención de nuestros padres y de todo el mundo, lloramos, pataleamos hasta conseguir lo que queremos y cuando somos adultos, aunque lo enmascaramos por los estigmas sociales, seguimos pataleando para continuar recibiendo el amor del otro.

Para entender todas estas cuestiones y poder así ver en qué punto te encuentras he decidido realizar esta segunda parte donde haré un análisis psicológico sobre temas importantes a la hora de amar, porque al final, el cometido del alma no es otro que aprender a amar de manera incondicional.

En primer lugar, me gustaría realizar un análisis del perfil psicológico de cada personaje de la historia, porque cada uno tiene una serie de características y peculiaridades que hacen que su comportamiento sea de una determinada manera. Y en los posteriores capítulos hablaremos de estos rasgos tan importantes requeridos para poder amar de manera incondicional.

PERFIL PSICOLÓGICO DE LOS PERSONAJES

NOA, la protagonista.

Noa es una mujer aparentemente muy válida, y sin traumas específicos de la infancia, más allá de los que pueda tener cualquier niño, pero así y todo unos rasgos de personalidad básicos en ella son la inseguridad, la desvalorización y la baja autoestima.

Aunque Noa está casi siempre en el lado de la sumisión, a veces también se va al otro extremo y se deja llevar por los celos y por una conducta más agresiva.

Quizá por la época en la que nació Noa, las separaciones y divorcios no estaban a la orden del día y ella tenía un sentido de la familia tan arraigado que le costó mucho tomar decisiones aun sabiendo que esas relaciones no le favorecían. Y es aquí donde sale el gran amigo y compañero de Noa, el miedo. Si algo ha caracterizado a Noa siempre ha sido su gran miedo, y esto muchas veces ha impedido que emprendiera acciones hacia lo que más le convenía.

Vemos en los perfiles de los distintos chicos con los que estuvo Noa una gran desvalorización de ellos hacia ella, pero también de ellos hacia sí mismos. Ninguno de ellos se amaba profundamente, aunque lo manifestaran de muy distintas formas.

MARCOS

El perfil de Marcos, es un perfil más "pasota", egoísta, incapaz de empatizar con nada de su pareja. Es el amor por omisión. Los gritos, insultos, incluso golpes físicos son daños muy visibles, pero la ignorancia, falta de cariño, falta de comprensión también lo son. Si algo caracterizaba a Marcos era eso, simplemente era tan incapaz de valorarse que era incapaz de valorar a Noa.

Era algo muy profundo, porque aunque él repetía sin cesar que sabía que tenía a una mujer 10 y que si algún día se acababa la relación sería ella quien lo hiciera, en sus comportamientos del día a día no era capaz de demostrar eso.

En el capítulo donde explico el inconsciente entenderéis por qué a veces tenemos las cosas muy claras desde la mente, la lógica y la razón, pero sin embargo nuestros comportamientos demuestran todo lo contrario. Es aquello de ¿si te lo he dicho mil veces y mil veces me dices que tengo razón, porque lo haces las mil y una?

Esta relación fue muy duradera, ¡diez años! porque fue una relación de conformismo sin muchas discusiones, sin cosas muy graves aparentemente, pero hay tal aburrimiento y tal monotonía que desgasta por dentro. Llegar a casa y no ver ni el más mínimo interés por la otra parte de verte, no hacer cosas juntos, no sentirte importante para el otro, son aspectos que se dan en muchas relaciones, pero son muy difíciles de detectar, y al final cuando quieres romperla te cuesta horrores porque aparente no hay nada para dejar esa relación, simplemente hay aburrimiento.

Me he encontrado muchas veces con esto, personas que quieren dejar una relación, pero como no hay un motivo aparentemente no saben cómo. No es necesario tener un motivo, no es necesario esperar a que te sea infiel, te hable mal o te engañe, puedes romper una relación siempre que tú quieras, desde el momento que no te haga feliz o no te de lo que tú necesitas.

Desde la mente nos empeñamos en que haya un porqué y simplemente es algo que hemos de sentir, no de pensar.

Marcos era una persona inexpresiva, no aprendió a expresar sus emociones y probablemente de ahí venía el conflicto. Jamás expresó como se sentía, qué necesitaba, qué le dañaba, simplemente era un robot andante. Lo más característico de su personalidad, además de los celos y de su falta de sensibilidad, era esa falta de empatía. Jamás podía ponerse en el lugar de la otra persona, funcionaba por impulsos. Es lo que en psicología se llama una persona visceral, una persona impulsiva que no razona, simplemente se deja llevar. ¿Te puedes imaginar lo que es tener una pareja de este tipo?

Probablemente por esa gran falta de inexpresividad necesitaba evadirse con algo como las drogas y eso condujo al final de todo.

CARLOS

Un hombre totalmente distinto. Carlos es cariñoso, capaz de valorar a la mujer que tiene al lado, alguien que se da a la otra persona, que se entrega, pero a su vez se ama tan poco y se siente tan inseguro, que exige constantemente al otro.

Es un perfil, como diría entre amigas, "intenso". Este tipo de perfil basa su felicidad e infelicidad en el otro por lo que la pareja es siempre la causante de todos sus males. Esto genera tal responsabilidad en el otro que hace que se alejen de él, cuando pasa esto, se siente abandonado e inseguro. Esto genera más miedo a que le hagan daño y por ello necesita que el otro le demuestre más, al comportarse así, el otro se vuelve a alejar y así se da un círculo vicioso que no deja que avance ni madure generando un sufrimiento constante en él.

La creencia de pensar que el otro te puede abandonar hace que al final se acabe cumpliendo y acabar sintiendo el rechazo del otro.

Creo que este es uno de los perfiles más sufridores que hay, porque realmente ellos quieren amar, ellos quieren ser felices, pero no pueden serlo jamás ya que lo basan en algo o alguien externo y esto genera mucha frustración, desarrollando un rol de víctima importante.

Estos perfiles al no estar satisfechos nunca, generan mucho rechazo por parte del otro y además puedes llegar a "volverte loco" y lo pongo entre paréntesis para que nos entendamos, pero es aquello de ¿pero qué narices quieres? Si hago porque hago, si no hago porque no hago, y al final es un "desquicie". Cuando este perfil entra en desvalorización se vuelve muy inseguro y sumiso, probablemente provocando agresión en el otro, el otro le dice que no quiere estar con él, que no puede más etc.... pero cuando todo se calma, este perfil suele irse muchas veces también al perfil agresor culpabilizando al otro de su malestar.

Son los perfiles que más van oscilando entre un extremo y el otro. Es como un balancín.

Estas personas necesitan entender que no se ama para recibir nada a cambio, que cuando amas has de aceptar a la otra persona tal cual es y que en lo primero que han de centrarse es en amarse y aceptarse a ellos mismos. Este tipo de personas son personas muy emocionales, que no solo se dejan llevar por sus emociones, sino que se ven desbordados.

ÓSCAR

Óscar presenta lo que llamo el perfil "paternalista". Es aquel que te dice qué has de hacer en todo momento y el mensaje que te llega constantemente es que no sabe cómo has sobrevivido en esta vida sin él. Es aquella persona exigente, perfeccionista que te dice constantemente lo que no haces bien pero evidentemente no te dice qué le gusta de ti. Ellos suelen pensar que no es necesario que te digan lo positivo porque esto es obvio, pero si te han de decir lo negativo para que lo cambies o mejores.

Esto genera tal inseguridad en la otra persona y probablemente tan baja autoestima como la que tienen ellos. Aparentemente parecen muy seguros de sí mismos y altivos, pero el perfeccionismo, control y exigencia no son otra cosa más que no estar contento con uno mismo y proyectar en el otro aquello que no te gusta de ti. Son personas muy mentales y racionales, por lo que las emociones no tienen cabida. No se dejan llevar nunca, y todo ha de pasar por la lógica y la razón. De esta forma viven totalmente encarcelados por sus miedos y juicios.

Son personas que difícilmente aceptan a los demás tal y como son y su objetivo máximo en la relación es cambiar al otro para que éste sea como ellos creen que ha de ser.

Constantemente tienen la frase de "Yo creo" y jamás los oirás decir, "Yo siento". Esto no quiere decir que no sientan, pero intentan ocultar sus emociones tanto que muchas veces no saben ni que las tienen. Son mentales, racionales, pero cuando un día no pueden más son capaces de ser muy viscerales. Son como una olla a presión, van guardando y guardando hasta que explotan.

Seguro que ya conoces o has identificado a personas con las que has estado con alguno de estos perfiles. Al final todos y cada uno de ellos tienen algo en común: la falta de amor hacia sí mismos y también una manera de amar egoica, pero cada uno de ellos lo expresa de una forma totalmente distinta.

Esta descripción no la hago con intención de poner etiquetas a nadie ni nada por el estilo. Cada uno es como es, cada uno hace lo que puede, pero creo que es importante ver las características y rasgos de personalidad para saber a qué atenernos, y a la vez también entender que todas estas personas que se han hecho tanto daño entre ellas, lo han hecho por una serie de dificultades que tienen. Y lo más importante de todo, es que incluso comportándose de una forma tan distinta, en esencia, no son tan distintos entre ellos.

DESVALORIZACIÓN VS AUTOESTIMA

Una de las palabras que más de moda está es Autoestima. Hablamos de ella constantemente, pero a veces creo que no sabemos de qué hablamos. He escuchado muchas veces decir a alguien, esa persona tiene una alta autoestima, esa otra se quiere demasiado y cuando realmente lo miras te das cuenta de que estamos ante una falsa autoestima.

Tener autoestima no es mirarte al espejo y gustarte. Hoy en día vivimos en una sociedad donde valoramos mucho el físico, tenemos gimnasios, dietas y ropas preciosas que hacen que podamos lucir espectaculares. Pero ¿realmente crees que esto es autoestima?

La autoestima (o el valor propio) es algo mucho más profundo que no se puede trabajar tan solo poniéndote a dieta y maquillándote la cara. La valía como persona depende de todo un conjunto tanto exterior como interior que hace que sepas quién eres y cuánto vales como persona.

Te puedo asegurar que, a lo largo de mi vida, he visto a muy pocas personas con una verdadera alta autoestima.

Concretamente yo, siempre he parecido una mujer muy segura de mí misma, pero realmente he tenido la autoestima muy baja, en ocasiones me he valorado muy poco, y la gente muchas veces se preguntaba cómo podía ser así.

La autoestima no depende de lo que ven os demás de ti, sino de cómo tú te percibes globalmente y cómo valoras tu parte más auténtica y absoluta, tu esencia.

Cuando somos niños tenemos grandes retos en la escuela desde bien pequeños. Hemos escuchado muchas veces la frase de "los niños son muy crueles", pero ¿realmente crees que esos niños son capaces de ser tan crueles si no hay una base detrás?

Cuando un niño juzga a otro por su aspecto físico no lo hace porque sí, probablemente es algo que ha aprendido de manera inconsciente en casa. Desde bien pequeños realzamos la belleza de los niños, qué guapa eres, qué fuerte eres, y todo esto va haciendo que crezcamos con esa falsa autoestima física.

Muchos niños sufren acoso escolar debido a rasgos físicos o de apariencia, como ser obeso, llevar gafas o ir vestido de determinada manera, y esto hace que poco a poco vayamos creciendo con la idea contaminada de autoestima.

¿Por qué no enseñamos a los niños a realzar los valores, esencia y capacidades que tienen? ¿Por qué no decimos a un niño que lo más bonito que tiene es su ser y que no ha de hacer nada para que lo amemos, sino que simplemente lo amamos por lo que es?

Nuestros hijos han de estar constantemente haciendo cosas para satisfacer nuestras necesidades y frustraciones, por ello necesitamos que tengan buenos resultados, que estudien grandes carreras, que tengan una pareja "decente" etc. Todo esto hace que al final estemos siempre más preocupados por el exterior que por el interior.

Con respecto a la historia de Noa, una de las cosas que sí podemos detectar desde el inicio es que la protagonista desde bien pequeña basa su autoestima en el exterior, en los logros, en lo que opinan los demás sin tener en cuenta que su autoestima al final depende de ella misma y de su esencia como persona.

Los seres humanos somos esencia, somos energía, somos algo más allá de lo que hacemos o tenemos y no podemos basar nuestra autoestima en el exterior, de lo contrario, estaremos dando todo el control a los demás. Quizá una niña no pueda entender esto, y quizá los padres en ese momento no saben cómo hacer entender esto a su hija, pero es algo que para mí es muy importante y que deberíamos explicar a nuestros hijos desde que son muy pequeños.

Al final ser padres es muy complicado, y lo que un padre hace de manera totalmente inconsciente como por ejemplo, valorar a su hijo por sus resultados académicos, creyendo que lo hace bien porque así lo motiva a seguir estudiando, puede estar provocando en el menor una falsa creencia de que su valía depende de sus logros o resultados finales. La autoestima depende del hacer y no del ser.

He visto personas que rompen a llorar cuando les preguntas por su valía como persona, cuál es su esencia. Tenía una amiga que venía a uno de mis grupos y cuando hicimos un ejercicio para saber cuáles son las cualidades que te hacen única y especial se quedó en blanco. Jamás se lo había planteado, o simplemente creía que no tenía nada que la hiciera especial y única.

Todos somos especiales y únicos, no hay nadie como tú, porque no hay nadie que tenga tu alma en esencia pura. Esto no quiere decir que te tengas que sentir superior ni nada por el estilo, esto sería ego y narcisismo.

Muchas personas cuando trabajan la autoestima se ponen incluso coloradas por tener que decir qué les gusta de ellas. Me dicen "pero esto es ser creído o arrogante ¿no?". Yo me quedo perpleja, pero a la vez lo entiendo porque nos han educado en una sociedad donde tenemos que ser humildes y no destacar. Desde pequeños nos enseñan a pasar desapercibidos, a ser del montón porque destacar es algo considerado "arrogante".

Valorarte como persona, amarte como ser humano, ponerte en valor, ver cuáles son tus cualidades esenciales y poder decirlo al mundo no es nada más que sentirte un ser amado. Cuando te amas a ti mismo de esta forma, puedes amar al otro y el otro puede amarte a ti. ¿Crees que si no eres capaz de ver tus cualidades podrás ver las de tu pareja?

Para poder amar al otro desde la esencia, primero has de encontrar la tuya. Despojarte del ego que te dice no eres para tanto, tampoco has conseguido nada en la vida como para sentirte algo o siempre hay alguien mejor por ello soy del montón. Tu Ego, tu mente te dice todo esto, pero tu corazón te dice te amo por quien eres, te amo tal cual eres.

Cuando aprendes a amarte así, aprendes a amar al otro de la misma forma. Puedes cerrar los ojos y dejar de ver la carcasa, para ver su esencia más pura, su alma.

El mayor sufrimiento del ser humano en el amor es debido a la baja autoestima y la gran desvalorización que se da en las parejas. No aceptamos al otro tal cual es, intentamos cambiarlo, lo desvalorizamos constantemente diciéndole no eres suficiente, necesito que cambies o lo que me das no es suficiente. Cuando estamos en desvalorización, desvalorizamos al otro. Si crees que tu pareja no te está dando suficiente tienes dos aspectos que has de valorar.

El primero es: ¿por qué sigues en esa relación? Y ahora tu mente te dirá "mira que fácil que lo ves". Claro que no es sencillo romper una relación, te lo digo yo que he roto unas cuantas, pero si crees que no recibes lo que mereces y lo que tú quieres por parte del otro, y en vez de responsabilizarte y tomar acción, pretendes que el otro cambie y haga las cosas como tú quieres, estarás desvalorizándolo diciéndole que no es lo que esperabas y te estás desvalorizando a ti por conformarte con algo que no te hace feliz.

Cuando te pones en valor y te amas siempre quieres lo mejor para ti, entonces, si algo no te hace feliz, ¿por qué sigues ahí? Y ahora es cuando viene la fantástica frase de "es que lo quiero", claro y ¿qué pasa contigo? ¿Te quieres? Y si lo quieres ¿por qué quieres cambiarlo? ¡Ah, entiendo! lo quieres, pero como no te da lo que quieres pretendes cambiarlo y de esta forma hacerlo distinto a lo que es en su esencia... ¿No ves que esto es absurdo?

El segundo aspecto y muy importante es el famoso "espejo" del que ya hemos hablado. Vayamos por partes, estás con una persona que no te da lo suficiente, y esto es lo que ves en el exterior, si yo te dijera que lo que hay en el exterior es lo que hay en el interior ¿qué veríamos? Pues exactamente lo mismo, que tú eres la que no te estás dando lo que te mereces y por ello el exterior tampoco te lo ofrece. ¿Ves que sencillo☺

Otro aspecto muy importante es el tema de aceptar al otro tal y como es. Cuando no aceptas al otro tal y como es lo estás desvalorizando. Tenemos las distintas relaciones de Noa con todos sus chicos. En la primera relación con Marcos era más ella quien no aceptaba a Marcos tal y como era. Su manera de ser te puede parecer más o menos adecuada según tus creencias y experiencias de la vida, pero al final ¿ese era él no? Entonces ella está 10 años intentando cambiar su manera de ser, queriéndolo a medias y sufriendo por las conductas del mismo.

¿Acaso eso no es más que desvalorizarlo? Él se sentía siempre inferior a ella y se automachacaba, pero ella inconscientemente con sus intentos de cambiarlo enviaba el mensaje subliminal a Marcos de "no eres suficiente, tienes que cambiar".

En la relación con Carlos y Óscar quizá ella se sentía más desvalorizada con respecto a ellos. Carlos era muy exigente con ella, le exigía que le diese más, que no era suficiente y esto hacía que Noa se sintiera mal con ella misma e incluso llegó a culpabilizarse del sufrimiento de él. Óscar "regañaba" constantemente a Noa por su comportamiento, le decía como debía de comportarse y hacer las cosas, y esto era otra forma más de desvalorizarla.

Pero si miramos, finalmente la base de todo esto, la primera que estaba en desvalorización había sido siempre ella. Noa desde bien pequeña se sentía inferior, con gran auto exigencia de agradar a los demás, de dar la talla, de ser suficiente y esta es la frecuencia que ella emitía y esto es lo que ella atraía.

Así que no sería justo culpar a estos chicos por la desvalorización de Noa y podríamos pensar que simplemente son maestros que la vida ha puesto en su camino para que ella pudierea ver qué hay en su interior para así eliminarlo.

Uno de los grandes extremos en la desvalorización es la violencia de género. Como he dicho, he estado trabajando con víctimas de violencia de género durante diez años, y vengo de una familia de mujeres maltratadas, así que quiero que desde un inicio se entienda que trato este tema con mucho respeto.

Pero hubo un momento en el que me dio por pensar que algo no estábamos haciendo bien, porque pese a que se está trabajando el tema a nivel político, judicial y social, la sociedad sigue teniendo este problema y estamos aún muy lejos de erradicarlo.

Y entonces es cuando te preguntas ¿qué podemos hacer?

En mi humilde opinión, por desconocimiento no se ha tratado ni se está tratando el tema de manera adecuada. Con esto no quiero ni culpar ni responsabilizar a nadie, ya que al final todos somos aprendices.

Pero yo que he estado muy metida en todo esto, veo que a la mujer siempre se la ha tratado como "una víctima" y es cierto que al final si eres agredida eres una víctima, pero el simple hecho de poner esa etiqueta y poner la de maltratador al hombre, inconscientemente está dando el mensaje de que la mujer no puede hacer nada para erradicar esto y estamos haciendo separaciones, cuando al final, todos somos uno.

De esta forma estamos debilitando a las mujeres, las estamos viendo como inferiores y como que no son capaces de coger las riendas de su vida y esto es un error.

Las mujeres somos valientes, poderosas y muy fuertes y es verdad que venimos de una sociedad machista donde aún a día de hoy no tenemos los mismos derechos, pero no creo que esa sea la única causa de la violencia.

Para que haya un agresor ha de haber una víctima y para que haya una víctima ha de haber una persona que no se sienta merecedora de ser amada, merecedora de nada y sienta que vale menos que la otra persona. Y eso se produce a nivel inconsciente.

Si vibramos en la frecuencia de la víctima, evidentemente vamos a atraer verdugos, maltratadores, pero ¿qué pasaría si las mujeres dejáramos de vibrar en dicha frecuencia?

¿Crees que, si las mujeres nos valoráramos, nos quisiéramos, nos sintiéramos merecedoras de un amor bonito, atraeríamos maltratadores? Pues evidentemente no, por lo tanto, tenemos dos opciones, o seguimos poniendo el foco en ellos y seguimos luchando y luchando, o ponemos el foco en nosotras y cogemos las riendas de nuestra vida.

Si limpiamos todos esos programas y creencias con independencia de donde vengan y ponemos información de valor, de alta autoestima atraeremos personas que están en esa misma frecuencia.

Así que para mí el trabajo es mucho más sencillo, creo que tanto hombres como mujeres deberíamos trabajar nuestro inconsciente, nuestro desarrollo personal y de esta forma todos vibraríamos en la frecuencia del amor y del respeto y podríamos erradicar la violencia machista, así como cualquier tipo de violencia.

Todos vibraríamos en la frecuencia del amor, y por lo tanto podríamos amarnos a nosotros mismos, así como amar al otro.

De esta forma Noa pudo entender todo lo que pasó en su vida, pudo trabajarlo, dejar de atraer relaciones tóxicas y perdonar y amar a todas sus parejas por enseñarle todos esos aprendizajes porque gracias a ellos ella es ahora una mejor versión de sí misma.

Cuando hablamos de desvalorización en la pareja, lo que nos encontramos son relaciones precisamente formadas por personas muy desvalorizadas. La víctima, en el caso de la violencia de género, la mujer y el agresor que en este caso sería el hombre. Tengo que aclarar que también hay hombres maltratados por su pareja, pero el término violencia de género es un término que se refiere a la violencia que ejerce el hombre contra la mujer simplemente por ser mujer y creer que es el sexo débil.

Cuando existe maltrato de mujeres hacia hombres se define como violencia, pero no como violencia de género, ya que la mujer se supone que no lo agrede por ser hombre sino por otros motivos.

Como decía, en los casos de violencia de Género, existe una mujer con una personalidad anulada, muy desvalorizada que está sometida a su maltratador y es capaz de olvidarse de sí misma como persona y tolerar conductas vejatorias hacia ella.

Son mujeres que se quieren tan poco que anteponen el "amor" hacia su pareja al amor propio. Y lo pongo entre comillas porque no creo, y esta es mi opinión, que puedas amar a alguien que te hace daño.

Confundimos el amor muchas veces con el apego, con el enganche y con la sumisión, pero déjame que te diga que esto no es amor. El amor es algo muy bonito, es una frecuencia vibratoria muy elevada que está muy lejos del sufrimiento. Por lo que, si estás sufriendo con el amor, no estás amando incondicionalmente, ni estás siendo amada de ese modo, sino que estás en el ego, en el apego y la dependencia.

En violencia de género se produce una gran dependencia hacia el otro, entendiendo que sin la otra persona uno no es nadie, y es por ello que muchas veces toleramos situaciones difíciles de entender. La sociedad juzga muchísimo a estas mujeres, creemos que nosotros no aguantaríamos tales situaciones, ¿pero te has parado a pensar que seguramente alguna vez en tu vida has estado "enganchada", apegada, sometida a alguien en alguna relación? Estoy segura de que sí. Por lo que no somos tan diferentes, simplemente estamos en distintos grados.

El hombre en este caso, que es el agresor, abusador, podría parecer que se quiere tanto que humilla a la otra persona, pero esto es todo lo contrario. El agresor no deja de ser una persona que también sufre, que se siente desvalorizado, lo único que su forma de expresarlo es totalmente distinta. El agresor se ama tan poco que es incapaz de amar al otro de manera incondicional y de manera sana y es por ello que se va al otro extremo de la sumisión, que es la agresión.

Me gusta explicar el "programa" de la desvalorización como un eje en el que están los dos polos, en uno la sumisión y en el otro la agresión y en el medio tenemos los distintos matices, en alguno de los cuales probablemente hayas estado más de una vez en tu vida.

Con este análisis no pretendo culpabilizar a nadie ni mucho menos, ni pretendo que nadie lo haga, simplemente es importante entender de dónde radican los orígenes para poder prevenir que ocurra lo mismo en posteriores generaciones y así, erradicar de una vez por todas la violencia de género y las situaciones de desigualdad.

La violencia de género no consiste solo en violencia física, en insultos, en empujones. Existen ciertos microcomportamientos, que, aunque pasan casi desapercibidos socialmente, existen. Consisten en que un hombre se crea con todo el derecho del mundo a desvalorizar a una mujer, ya sea a través de sus palabras o sus acciones. Son los "micromachismos", aunque haya quien pueda tildar de exagerada esta percepción.

No me voy a centrar en toda la lectura en la violencia de género porque existen muchos libros al respecto y porque además mi objetivo es que el lector vea que hay situaciones "aparentemente normales" en personas "aparentemente normales" que si las analizamos no dejan de ser situaciones de desvalorización.

Por ejemplo, la relación con Marcos. Él valora mucho a Noa, pero existen estos micromachismos, que son muy sutiles, pero que están. Él no ve bien que salga, pero sin embargo él si lo hace, se siente orgulloso por ser quien desvirga a su pareja cuando él ya había tenido muchas relaciones sexuales con distintas mujeres. Todo lo que tuviera que ver con chicos que hubieran tenido relación con Noa, no lo soportaba, hasta el punto de sentirse decepcionado. Llega incluso a tener conductas humillantes, como en el episodio del fisioterapeuta... Existen en la sociedad todavía estos machismos como la consideración de que una mujer no es pura si ha estado con muchos hombres y otros similares.

La pureza de una persona está en el alma, no en el cuerpo físico y hemos de seguir luchando para que esto cada vez se dé menos, ya que a día de hoy todavía puedo oír comentarios de adolescentes que dicen: "esta es una guarra, esta es una calientabraguetas..."

Al hacer tal separación perpetuamos el enfrentamiento ente hombres y mujeres, y nuestro objetivo debería ser educar tanto a niños como a niñas para conseguir un mundo donde haya más amor, independientemente de razas, sexos, género, etc.

Continuando con el análisis de la historia, desde bien pequeña Noa se siente en la obligación de tener novio. Ella no está por la labor, pero ha de tener un novio que sea guapo y popular para así poder ser una chica popular. Esta idea probablemente se nos inculque desde bien pequeños, cuando los adultos tienen la manía de preguntar si tienes novio o novia. Parece absurdo, pero he visto millones de veces hacer esta pregunta como si fuera graciosa a un niño y seguramente no nos damos cuenta de lo que implica.

La sociedad va minando poco a poco a los niños con sus creencias, juicios, dogmas de fe y los niños van creciendo con esto de una manera tan inconsciente que después actúan muchas veces sin saber por qué.

Desde bien pequeños nos inculcan que hemos de tener pareja, por lo que si no la tenemos somos "unos desgraciados". Quizá esté exagerando, pero un día me quedé alucinada cuando vino una chica de 19 años a mi consulta que estaba viviendo una relación de maltrato. Cuando le pregunté por qué seguía con él me dijo: "porque tengo 19 años y no quiero ser una solterona". (Desde aquí espero que, a día de hoy, estés con alguien que te merezca, un beso Clara).

Quizá esto que leas te parezca absurdo, pero trabajo a diario con adolescentes y chicas muy jóvenes y estas creencias existen más de lo que pensamos. Yo he tenido que escuchar a alguien decirme después de haber roto con mi pareja, "bueno, tranquila, ya vendrá otro". Son frases que se dicen sin mala intención, pero que van minando nuestro inconsciente, que entiende que si no tienes pareja... eres una fracasada.

La mayoría de adolescentes tienen un amor platónico. Es el caso de Álvaro, el amor platónico de Noa. Pero lo que es curioso es que, aunque Álvaro no hace nada para atraer la atención de Noa, ella pueda albergar unos sentimientos tan grandes hacia él, de forma que no sea capaz de ver que está dando toda su atención, todo su amor y toda su entrega a alguien del que no sabe nada.

Ella cuestiona constantemente su físico, su valía como persona y entiende que él no le va a hacer caso porque ella no está a su altura. Ella no se siente en igualdad hacia él y es aquí cuando se hace patente el sentimiento de inferioridad en la vida de Noa. ¿Por qué sin conocer a alguien somos capaces de darle tal poder y hacerlo superior a nosotros, dejándonos a la altura del betún?

En psicología existe el término de la profecía autocumplida que significa lo siguiente: cuando piensas que va a suceder algo, al final se cumple. Es aquello de la famosa frase de Henry Ford de "tanto si crees que es cierto, como si no, tendrás razón" o aquello de "lo que crees, creas". Noa está tan convencida de que no es suficiente para Álvaro, que aunque sueñe, visualice y le pida al universo que él le haga caso, no recibe la ayuda del universo porque Noa está amando o queriendo desde la carencia y la desvalorización y no desde la abundancia y el amor.

En la relación de Raúl vemos realmente la gran desvalorización de Noa hacia ella misma. Ella atrae a Raúl incluso no creyéndoselo mucho, pues no entiende muy bien que la haya elegido a ella, por lo tanto, vuelve a estar en la baja autoestima. ¿Esto qué hace? Pues efectivamente, atraer más desvalorización. Creo que no hay forma de infravaloración más humillante que la de que te sean infiel, porqué en ese momento te sientes tan insignificante, sientes que vales tan poco para esa persona que entiendo como se pudo sentir Noa. Pero lo más grave del asunto es que, aunque ella se sintió así siguió en la relación permitiendo así que Raúl continuara desvalorizándola y utilizándola.

Cuando hablo de responsabilidad evidentemente el que fue infiel y jugó con los sentimientos de Noa fue Raúl, por lo que en ningún caso le voy a quitar "culpa", pero la responsabilidad de permitir eso durante tanto tiempo la tuvo ella.

Sé que quizá esto sea algo duro y quizá alguien se pueda sentir ofendido, pero te puedo asegurar que sé de lo que hablo y hasta que no entendí esto no pude liberarme de la rabia, de la culpa, del odio y de la victimización constante.

Como ves, desde un inicio Noa relaciona el amor con la carencia, siempre sintiendo que es menos que ellos, que ella tiene suerte porque estos chicos se fijan en ella, y de lo que no es consciente, y a día de hoy te puedo decir, es que los afortunados eran ellos, por atraer a una persona tan valiosa como ella.

Cuando se produce una relación de toxicidad, donde la persona es capaz de desvalorizarse hasta tal punto que prevalecen los deseos del otro, se produce una dependencia emocional que es lo que ocurre en la relación entre Noa y Raúl.

Probablemente Raúl sintiera dependencia emocional de Noa, así como de su pareja, porque no era feliz, sin embargo tampoco podía dejarla y a su vez continuaba "enganchado" a Noa.

Si me permites una digresión: ¿te das cuenta de que en su momento Raúl no valoró a Noa porque ella estaba en desvalorización, pero que años después, cuando ella se sintió en valor y pudo realizar su trabajo personal, esa misma persona le pide disculpas y le dice lo importante que fue para él? ¿No te parece alucinante? Entonces ¿el conflicto está con las personas, o con la frecuencia en la que yo me encuentro?

Siguiendo con el tema de la dependencia emocional, esta se produce en muchas parejas y además se confunden con amor con frases como "sin ti no puedo vivir" "si me dejas, me muero".

Muchísimas personas dicen "es que lo quiero", cuando realmente lo que sienten es una gran dependencia de esa persona. Eso no es amor, es querer, y cuando hablamos de querer hablamos de posesión y de carencia.

Cuando amamos, amamos al otro sin esperar nada a cambio, cuando queremos, queremos desde la posesión y desde esperar ser correspondidos. Cuando tú esperas algo del otro, es cuando crees que el otro está en deuda contigo y si no lo recibes te sientes víctima, culpabilizando al otro y sintiendo emociones negativas y destructivas que te generan frustración.

Al final, somos lo que atraemos y atraemos lo que somos, y evidentemente Noa estaba atrayendo constantemente carencia y desvalorización porque había lo mismo en ella. Las experiencias que tuvo con Álvaro y Raúl, a su vez generaban más desvalorización (te recuerdo que la autoestima de Noa dependía de lo que opinaban los demás de ella). Y así se forma el famoso pez que se muerde la cola.

Cuando hay desvalorización atraes relaciones que no te valoran y cuando no te valoran todavía te desvalorizas más, y al final entras en una espiral que es muy difícil de frenar.

Es por ello que es muy importante hacerse consciente para romperla y comenzar a amar, pero comenzar a amarte a ti misma para así poder atraer amor desde la abundancia. Noa por desgracia no sabía esto en aquel momento y es por ello que todavía tiene muchas aventuras que pasar, aventuras de desvalorización y sufrimiento.

Como puedes observar el inicio de todo y la base de todo está en la autoestima.

Aunque he separado los análisis de la culpa y de la autoestima, no dejan de estar unidos entre sí. Y esto lo podemos observar analizando la historia de Carlos.

Carlos aparentemente valoraba muchísimo a Noa sobretodo a nivel físico. Ella era una diosa para él, y esto está bien ya que te puede subir la autoestima en ocasiones. Pero era una persona muy exigente con el otro. Cuando una persona te responsabiliza de su felicidad es una gran carga y un gran error ya que tú deberías ser el responsable de tu felicidad por encima de todo.

El discurso culpabilizador hacia el otro, lo que dice de Carlos es que jamás se responsabilizaba de sus actos, desprendiéndose de cualquier cargo y eximiéndose de todo. A esto se le llama "echar balones fuera" y es el gran error de la humanidad.

Los seres humanos nos pasamos la vida culpando a los demás de todo lo que nos pasa, sin darnos cuenta de que los únicos responsables de nuestra vida, somos nosotros.

Los demás no dejan de ser un espejo donde mirarnos y se nos presentan en nuestra vida simplemente para aprender ciertas lecciones. En tu mano está si aprendes la lección o sigues con los ojos vendados.

Ese discurso hizo mucho daño a Noa ya que ella se culpabilizaba constantemente de todo, desvalorizándose cada día más, y no se daba cuenta de que estaba siendo víctima de un chantaje emocional por parte de Carlos.

Él probablemente no era ni consciente y sufría muchísimo creyendo que era infeliz por "culpa" de ella, pero como he dicho anteriormente eso era un gran error por su parte.

Cuando una persona entra en la exigencia, no es capaz de valorar lo que los demás o la vida le dan y vive constantemente infeliz por querer siempre más.

Esto hace la vida muy difícil a cualquier persona que tengas al lado ya que siempre has de estar preocupado o preocupada por complacer al otro, fracasando intento tras intento.

Vivir así, es vivir desde la no gratitud y por lo tanto desde el no amor, es por ello que las personas con este tipo de personalidad viven en el sufrimiento constante porque cuando no hay amor, hay sufrimiento.

Esto es típico de personas inseguras y desvalorizadas, nunca es suficiente y siempre están señalando al otro como responsable de sus propios actos. "Te digo esto porque tú me haces esto", "Me he ido con otra persona porque tu no me hacías suficientemente feliz" ...y si esa persona no está fuerte y se siente en valor por ella misma, es capaz de llegar a culpabilizarse o justificar una infidelidad.

Evidentemente, hay parte de responsabilidad en los dos, Noa no supo expresar su amor o quizá, no se dio cuenta de que no sentía lo que debía de sentir por aquella persona y se obligó a que aquella relación funcionara. Se apegó a sentir amor hacia él, porque era totalmente diferente a lo que había tenido y no se dio cuenta de que las cosas en el amor simplemente son más sencillas.

Noa estaba completamente bloqueada debido a la relación tan tormentosa que había vivido con Marcos, sentía tanto miedo, que no era capaz de relajarse y expresarse, pero quizá Carlos, tampoco supo entenderla, y esa es la sensación que ella tenía constantemente y él también, eran dos personas con ganas de amar pero que se sentían totalmente incomprendidas...

Al final, no eran tan diferentes como ellos pensaban ¿no crees?

Como he dicho en otros capítulos esto no era más que una relación de dos personas que estaban en la misma frecuencia, desvalorización, inseguridad y cada uno lo expresaba como podía o sabía, pero al final eran dos maestros que se enseñaban cosas contínuamente.

Una vez más vemos como la frecuencia en la que te mueves es muy importante, si estás en desvalorización, en baja autoestima, atraes a personas en la misma frecuencia y eso hace que las relaciones no funcionen como deberían funcionar.

Me gusta decir siempre que si lo que tienes en tu exterior no te gusta, mira que pasa en tu interior. A los dos protagonistas de esta historia no les gustaba lo que estaban obteniendo del otro, pero no eran capaces de ver, que realmente era, porque ni ellos mismos se estaban dando lo mejor de sí mismos.

Si una persona no te da el amor que tú crees que te mereces simplemente déjalo, pero no la culpabilices o la hagas responsable, porque los demás no tienen por qué quererte como tú crees que es lo correcto, eso es una interpretación tuya.

En Programación Neurolingüística se dice que el mapa no es el territorio y esto significa que las cosas no siempre son como nosotros creemos que han de ser, que cada individuo tiene sus propias interpretaciones en base a sus experiencias vitales, y ¿quiénes somos nosotros para decir que eso está bien o mal? ¿Acaso eso no es un juicio?

El amor verdadero, el amor incondicional, es aquel que te permite amar al otro, sin esperar nada a cambio.

Cuando esperas algo del otro, no estás amando, estás dando para ser correspondido y eso no es amor.

Creo que en la historia personal de Noa, la relación de Carlos, sin duda ha sido la relación más tormentosa y tóxica que ha tenido, a la vez que la relación más bonita, amorosa y sincera.

Ha sido un continuo vaivén donde ha habido mucho amor, pero también mucho sufrimiento, mucho enganche y eso es muy peligroso porque son relaciones que desgastan muchísimo y te desvalorizan cada vez más.

A lo largo de su trayectoria, vemos que Noa va cambiando sus relaciones y, por decirlo de algún modo aumentando el "caché", pasa de un chico que no le hace casi caso, la ignora y la humi la, a un chico que la adora y para el que ella es su musa, pero en el fondo sigue habiendo lo mismo: desvalorización, inseguridad, celos y sufrimiento.

Un dato muy curioso es la relación de Noa con el chico que conoce en vacaciones. Quizá no era su persona, o no le atraía lo suficiente para continuar su relación, pero es curioso que ese chico fue el único que la valoró desde el principio, que la trató bien, que lo hizo todo fácil y sin embargo ella no quiso continuar... mucha gente pensará , y lo he oído decir muchas veces, que a las chicas nos gustan los malotes y que los buenos no nos gustan y eso no es así, esto es debido a una serie de creencias y programas que tenemos en el inconsciente que hace que rechacemos todo lo que sea contrario. Ella estaba en la frecuencia de la desvalorización y en la creencia de que el amor es sufrimiento y por ello cuando se le presenta algo distinto, inconscientemente lo rechaza.

En la relación con Óscar vuelve a verse una gran desvalorización por parte de todos los implicados, seguimos en la misma frecuencia. Óscar no se ama a sí mismo y por ello no puede amar a Noa. La critica, la juzga, no la acepta, porque el primero que no se acepta es él.

Noa al estar desvalorizada permite todo esto, sintiéndose cada vez más pequeña e insegura.

Finalmente, ella se desvaloriza ante la nueva novia, muriéndose por dentro por no sentirse ya la persona especial en la vida de Óscar, y la nueva novia está en la desvalorización "prohibiendo" que se dé la comunicación entre dos personas que se han amado, simplemente por sentirse insegura, celosa y por miedo a perderlo.

Cuando estás en una frecuencia vibracional, todo lo que atraes es de la misma frecuencia, así que, aunque Óscar era de un estilo totalmente distinto a los novios anteriores de Noa, el patrón seguía siendo el mismo, amor egoico y desvalorización.

MENTE CONSCIENTE VS MENTE INCONSCIENTE

Este capítulo es importante y es algo que explico a diario a mis clientas, a las personas que realizan mis talleres, porque en él hablo de donde está la base de todo.

Según la definición de Carl Jung, reconocido psiquiatra, el ser humano tiene tres tipos de mente.

Por un lado tenemos la mente consciente, que es la mente racional o de la lógica, que sería la encargada de tomar decisiones que responden a preguntas como qué ropa me pongo o dónde voy de vacaciones, y también es la mente que utilizamos en el día a día, en nuestras conversaciones. A mí me gusta llamarla Pepito Grillo, porque es aquella que no calla nunca y que muchas veces nos genera quebraderos de cabeza. Es la que te dice ¿estás segura de esto? O eres un desastre, ya lo has vuelto a hacer mal etc. Es una mente necesaria para tomar decisiones y por lo tanto muy útil, pero hemos de tenerla en cuenta y vigilarla, porque muchas veces emite juicios y es la que nos hace actuar desde el ego y no desde el amor, ni desde la esencia o el alma. Esta mente consciente es la mente más nueva, la que lleva menos tiempo, la más inmadura y muchísimas veces es a la que más atención le prestamos, y esto para mí es un error. Esta mente es la más accesible, puesto que a ella llegamos simplemente atendiendo a nuestros pensamientos o a lo que hablamos, sería como la mente que está en la punta del iceberg.

Si bajamos un poquito más "a las profundidades", nos encontramos la mente Subconsciente. A mí me gusta distinguir el subconsciente del inconsciente, para mí son dos mentes distintas, aunque hay personas que las ven como la misma. El subconsciente también es el llamado sistema límbico y es donde están almacenadas nuestras emociones, nuestros gustos y nuestros deseos. Esta mente, aunque en apariencia está menos accesible, determina muchas veces nuestras acciones. Siempre pongo el ejemplo de pasar por una zapatería y ver unos zapatos que te gustan y conscientemente decidir que no los vas a comprar porque no los necesitas o son de un presupuesto más elevado al que puedes permitirte, pero de repente, algo te invita a entrar y terminas por comprarlos. Lógicamente nos diríamos ¿por qué los he comprado? Pero nuestro sistema límbico diría porqué me encantan y yo mando.

Y por último tenemos la mente del inconsciente. Esta mente sería la mente más primitiva, situada en el cerebro reptiliano, y es la mente de la supervivencia. Si te encuentras un león por la calle automáticamente se activa tu emoción del miedo y decides comenzar a correr por un instinto de supervivencia. Estoy segura de que en ese momento no te paras a pensar qué hacer, si debes correr o no, desde la mente lógica. Bien, pues esta sería la mente inconsciente, donde están las informaciones de supervivencia, como por ejemplo respirar. En esta mente inconsciente encontramos lo siguiente: todos los programas y patrones heredados de nuestros familiares debido a la memoria celular y el ADN, ahí también encontramos todas las creencias que hemos ido desarrollando desde pequeños en base a nuestras vivencias y experiencias.

Por lo tanto, en esa mente están los programas y creencias. Esta mente sería la parte más oculta del iceberg y el problema que podemos encontrarnos con ella es que no es fácil acceder a ella a no ser que pongas la intención.

Así como a la mente lógica accedemos fácilmente, al inconsciente hemos de acceder a través de una introspección y no nos han enseñado. Para ello están las terapias, los psicólogos y todo el desarrollo personal.

Aquí quiero romper una lanza en favor de la psicología y de la terapia, ya que muchas personas creen que ir al psicólogo es ir a contar tu vida, el otro te escucha y como mucho te da unos consejitos, cobrándote por ello una sustanciosa cantidad. Esto no es así y siento si alguna vez has ido a un psicólogo que ha trabajado así contigo. Está claro que profesionales y no tan profesionales hay en todos los campos.

Pero la psicología no es una charla que podrías tener con un amigo,

¿crees que iríamos 5 años a la universidad y estaríamos toda la vida estudiando para esto? La psicología va muchos más allá, ya que un psicólogo al tener todos estos conocimientos está atento en sesión para detectar patrones, creencias que pueda haber en tu inconsciente, y a través de las herramientas de las que disponemos, lo que hacemos es acceder a él para poder así limpiarlo e introducir en él informaciones nuevas y más válidas. Yo lo llamo "limpiar la basura".

Es por ello que si das con un buen profesional podrá ayudarte a entender el porqué de tu comportamiento y lo que es mejor a limpiarlo y trabajarlo. En terapia lo que hacemos es una gran introspección para poder así desarrollar un cambio profundo y no superficial.

Creo que la terapia es necesaria para todo el mundo, concretamente yo he hecho mi propia terapia y a día de hoy sigo trabajándome con mis terapeutas, por lo que espero que al leer este libro te decidas a realizar el gran camino hacia tu alma.

Una manera "fácil" de entrar en nuestro inconsciente es la meditación y por ello se está poniendo tan de moda y está siendo tan terapéutica, porque al meditar nos alejamos de la lógica, del pensamiento y conectamos con la información que hay en nuestro inconsciente.

El gran problema de todo esto es que como he comentado antes, le prestamos más atención al consciente y el inconsciente muchas veces lo tenemos olvidado, pero déjame que te diga algo que te va a dejar boquiabierta y es que nuestra mente consciente tan solo manda en un 5% de nuestras acciones, y nuestra mente inconsciente manda entre un 88 y 95%.

Hay diversas opiniones por lo que algunos autores dicen que 88 y otros 95. Independientemente de la cifra exacta, vemos que el gran peso de nuestro comportamiento recae en una mente a la que no prestamos atención y a la que no tenemos fácil acceso.

Entenderás ahora por qué muchas veces pese a que sepamos ciertas cosas, en la práctica no las aplicamos. Y entenderás ahora que, aunque sabemos que tenemos que tener relaciones de pareja sanas, en muchas ocasiones atraemos relaciones tóxicas.

Muchas veces vienen a mi consulta personas que me dicen, la teoría ya me la sé, porque leo libros y porque veo vídeos, pero en la práctica no sé cómo hacerlo. Es cuando yo les digo, y por eso ir al psicólogo no es igual que tomar un café con un amigo, que con la terapia entramos en su inconsciente, vemos que les está bloqueando y a partir de ahí, limpiamos.

Y una vez que sabemos esto seguro que te estarás preguntando ¿y cómo puedo saber yo la información que tengo en mi inconsciente?

Pues mira para esto una cosa muy importante es que atiendas a tus emociones. En el momento en que una situación o una persona te genera una emoción negativa intensa, esto te está diciendo que hay algo en tu inconsciente que no va bien. Que hay alguna creencia o programa que se está viendo atacado.

Por ello cuando Noa veía ciertos comportamientos de su pareja, ella sufría porque estos comportamientos la conectaban con la baja autoestima y la desvalorización que había en su inconsciente y por ello sufría.

Es como hurgar en una herida, por ello las situaciones y personas están ahí para que sepamos qué nos duele, y entonces sanarlo.

Podemos heredar programas y creencias de nuestros antepasados, se dice que hasta cuatro generaciones estamos repitiendo información del clan y podemos llevar información de nuestra infancia.

Como se comenta en el libro, Noa realiza una gran instrospección con su terapia para averiguar que hay en su inconsciente heredado del clan familiar. Es muy importante ver qué patrones llevamos en el inconsciente, que no son nuestros, que son impuestos y que debemos de limpiar.

Nuestros primeros siete años de vida son muy importantes también. Se dice que nuestra personalidad se crea hasta los siete años de edad y a partir de ahí vamos repitiendo las mismas situaciones en base a lo que hemos aprendido hasta esa edad. Por ello es muy importante ver cómo nuestras niñas interiores han sido tratadas, educadas, porque ello va a condicionar cómo sentimos en la edad adulta.

También es muy importante toda la información con respecto a nuestra concepción y momento de nacimiento. Muchas veces somos hijos no deseados, o, aunque seamos deseados, venimos en circunstancias que no son las más adecuadas. Si cuando estás en el vientre de tu madre, esta siente una serie de emociones negativas como miedo, soledad, la que sea, esto hace que se quede una huella en tu inconsciente que puede derivar en sentirte no merecedor de la vida, en sentir miedo o en sentir que no vales lo suficiente.

Todo esto es lo que debemos de sanar, eliminando esa información que hay en el inconsciente y poniendo información nueva, para de esta forma acabar con las conductas de sufrimiento repetidas.

Todo esto es lo que trabajo en terapia con mis clientas y te puedo asegurar que son alucinantes las grandes transformaciones que se producen en ellas.

Y ahora bien, cuando decimos que ponemos información nueva en el inconsciente ¿cómo lo hacemos?

Pues verás, la mente inconsciente es una mente tan primitiva que es muy simple y para que te hagas una idea, cero rebuscada. A mí me gusta asemejarla a la de un niño pequeño, por ejemplo. La mente del niño pequeño es simple y sencilla, sin juicios, sin complicaciones, y el inconsciente sería algo así más o menos. Existen cuatro reglas básicas para ella y son las siguientes:

REGLA NÚMERO 1: Para el inconsciente todo es real, no hay nada imaginario, por lo que, aunque tu imagines una situación como por ejemplo algo que te hace daño, si esta situación que imaginas te genera una emoción, él piensa que esto está sucediendo de verdad, por lo tanto, hay que tener cuidado con lo que imaginamos.

Hemos de tener cuidado también con lo que vemos en televisión porque al ver noticias catastróficas, películas que nos generan emociones, nuestro inconsciente cree que esto nos está sucediendo a nosotros y por ello sufre.

Pero esto es algo muy positivo porque al pensar que todo es real, si nosotros practicamos técnicas de meditación e hipnosis, al inducir la introducción de información nueva en el inconsciente él cree que es real y por lo tanto substituimos la información antigua por ésta. Por ello es tan importante meditar y visualizar.

REGLA NÚMERO 2: Para el inconsciente el tiempo no existe. No hay pasado ni futuro, todo es ahora, así que has de tener cuidado también cuando revivimos situaciones pasadas que todavía nos generan emociones ya que para él lo estamos viviendo en este momento. Si recuerdas la ruptura con tu ex novio todavía con sufrimiento, esto quiere decir que no está sanado y por ello el inconsciente cree que esto aún está sucediendo, así que actuarás en base a ese sufrimiento. Así que revisa qué cosas del pasado aún te siguen generando sufrimiento.

REGLA NÚMERO 3: Para el inconsciente no existe el juicio, él no juzga, el consciente sería el encargado de esto. Para el inconsciente no hay nada bueno ni malo, sino que todo son aprendizajes. Por ello es importante que no juzguemos las situaciones ni a las personas, sino que las veamos como oportunidades de aprendizaje.

Dentro de este punto, es muy importante el perdón. Muchas veces cuando hablas de perdón, a la gente le cuesta entender que estar enojado con alguien a quien mayor daño hace es a uno mismo, ya que, al generar una emoción negativa con respecto a esta persona, nuestro inconsciente se está resintiendo.

Así que entiende, acepta y perdona para así poder liberarte de esa emoción y evitar quedarte enganchado a ciertas situaciones.

REGLA NÚMERO 4: La última y quizá más importante. Para el inconsciente el otro no existe. Todo somos nosotros, por lo tanto, si hay una persona que me genera una emoción negativa, no se trata del otro se trata de mí. Hay algo en ti que hace que se genere esta emoción. Esto es fantástico porque dejamos de mirar al otro para mirarnos a nosotros y poder liberarnos. Dejamos de culpabilizar al otro, sentirnos víctimas y por lo tanto nos hacemos responsables de nuestras vidas.

Por eso cuando Noa sufría por ciertos comentarios de Óscar, por ejemplo, Óscar era un gran maestro para ella porque él estaba poniendo delante de ella qué información tenía ella en el inconsciente y debía de sanar. Información de desvalorización y baja autoestima.

Además de todo esto, siempre digo que el inconsciente es un cabezón y siempre quiere tener la razón. Es como un imán de atracción. Si él tiene información de que los hombres son malos y las relaciones de pareja son dolorosas (en el caso de Noa, derivado de su abuela) pues el inconsciente atraerá constantemente a personas y situaciones que le darán la razón.

¿Para qué? Para que Noa sea consciente de que tiene esa información dentro y debe de sanarla. Y mientras no se dé cuenta, seguirá repitiendo situaciones hasta sanarlo.

¡Guau! Cuando sabes todo esto te replanteas muchas cosas. ¿Entonces resulta que Noa no ha tenido mala suerte en la vida y ha dado con chicos malos, sino que ella llevaba información en su inconsciente que atraía a estos chicos porque necesitaba ser sanada?

Cuesta creerlo, pero cuando haces esta reflexión, de repente te liberas, dejas de culpar al otro y comienzas a mirar hacia ti mismo, porque la vida no va del otro, sino de ti.

Además, algo muy importante que quiero que entiendas es que todos somos energía y al final atraemos siempre energías que están en nuestra misma frecuencia.

Si Noa tiene en su inconsciente programas de desvalorización (baja autoestima) y vibra en esa frecuencia, ¿qué clase de chicos crees que puede atraer?

Pues precisamente esta, la clase de chicos que también están en la frecuencia de la desvalorización, que tampoco se quieren a sí mismos y por lo tanto tendrán las mismas dificultades.

De esta forma también podemos compadecernos de las personas, entender que todos tenemos muchas cosas que aprender y no es que el otro quiera fastidiarte, sino que probablemente también esté lidiando con sus programas.

Esto no quiere decir que porque tengas los mismos programas que otra persona os vayáis a comportar de la misma forma. Es cierto que hay personas que tienen el programa de desvalorización y en vez de se-

más sumisas y dejarse desvalorizar hacen todo lo contrario, abusan del otro y no valoran a los demás. Pero precisamente es porque tienen esos programas.

La abuela de Noa había atraído a su abuelo, un hombre maltratador y desvalorizador, pero en el fondo los dos estaban vibrando en la misma frecuencia, en el mismo programa, solo que uno estaba en la sumisión y otro en la agresión.

Para ello es muy importante que puedas revisar qué información tienes en el inconsciente que está haciendo que actúes de la forma en que lo haces y puedas hacer un gran autoanálisis para seguir creciendo y liberándote de esas pruebas que te pone la vida.

Una vez hayas aprendido, ya no te será mostrado, pero para ello debemos de entenderlo a la perfección y te puedo asegurar que nuestro gran amigo, Pepito Grillo, no nos lo pone fácil.

Yo incluso sabiendo esta información muchas veces "repito programa", sin querer entro en desvalorización y me engancho al sufrimiento. Entonces pensarás que vaya gracia ¿no?, pues la verdad es que esto pensaba yo, qué más tengo que hacer y al final es entender que como ser humano siempre vamos a entrar en el ego, en la mente, y es muy difícil que en el mundo donde vivimos, terrenal, lleno de emociones y personas esto no suceda. De ser así, seríamos como Buda y estaríamos iluminados. Pero la buena noticia es que una vez entiendes esto y lo sabes detectar aunque a veces se te presenten estas situaciones, se presentan con menor frecuencia y menor intensidad y por supuesto, lo que antes te hacía sufrir semanas ahora no te dura ni un día. ¿Interesante no?

AMOR INCONDICIONAL VS EGO

Llegados a este punto te darás cuenta que no es tan fácil encontrar el amor y precisamente es lo que más anhelamos los individuos.

El ser humano es amoroso por naturaleza, nos gusta sentir amor y sentirnos amados pero muchas veces coWnfundimos el amor incondicional, que sería el amor sano, el amor "de verdad", con amar desde el ego.

¿Cuantas parejas no discuten o incluso rompen porque no les gusta algo de la otra persona y quieren cambiarlo?

¿Cuantas veces no habrás pensado, bueno esto no me gusta pero a ver si cambia?

Mira, me gustaría decirte que las personas cambian cuando ellas quieren y cuando realmente son conscientes de que tienen algo que cambiar, si no es imposible que por mucho que tú quieras, que le amenaces o le digas que cambie, lo haga, si no ve la necesidad.

Pero me gustaría ir más allá y preguntarte si crees que amar a alguien es cambiarlo.

El amor incondicional es algo muy profundo que creo es muy difícil de sentir. Diría que el amor más incondicional que he podido observar es el de una madre hacia un hijo porque ellas aman a sus hijos hagan lo que hagan éstos.

Si te enamoras de una persona, te enamoras de su esencia, de su forma de ser, de sus virtudes de sus defectos, de toda ella y el hecho de que quieras cambiarla implica la no aceptación y por lo tanto el no amor.

Si quieres que cambie a tu antojo estás poniendo el foco en ti, en que te gustaría que fuese de otra forma porque tú crees que es la correcta y por lo tanto estás amando desde el juicio y desde el ego, desde tu Pepito Grillo.

Para amar de manera incondicional hemos de aprender primero a amarnos a nosotros mismos y aceptarnos tal cual somos y después aceptar a nuestra pareja, sea como sea. Si no te gusta su forma de ser porque crees que hay otra más correcta, evidentemente puedes tomar la decisión de romper la relación, pero no intentes cambiar a nadie ya que esto no es amor, es ego.

Cuando amamos desde los celos, desde el miedo a perder a la otra persona tampoco es amor, es ego. Cuando quieres poseer a alguien solo para ti, esto también es ego y el ego siempre, siempre, siempre, emite juicio y por lo tanto el ego siempre sufre.

La única forma de salir del sufrimiento, y por lo tanto de estar en el amor incondicional, es amar aceptando y sobretodo renunciando. Renunciando a querer cambiar a nadie y renunciando a querer controlarlo todo. Este es el gran secreto de la paz interior y de la felicidad.

¿Acaso si te enamoras de alguien no debes de aceptarlo tal y como es? ¿Crees que estás enamorado de alguien si quieres cambiar ciertos aspectos de su personalidad? ¿Qué significa querer cambiar al otro? ¿Acaso crees que tu manera de hacer y ver la vida es mejor que la de otros?

Siempre que hay crítica y juicio hay sufrimiento y esto es todo lo contrario a la aceptación. Muchísimas parejas sufren por no aceptar al otro y querer cambiarlo creyendo que su manera de hacer las cosas es la correcta.

La felicidad no está en el otro, no está fuera, la felicidad está en uno mismo y la pareja es un complemento a esa felicidad, pero nunca jamás podrá ser el motivo de ésta.

Porque, ¿qué pasa cuando una relación acaba? ¿Estás preparada para asumir que no todo es para siempre y que algunas personas duran simplemente un tiempo en nuestra vida?

Si pones tu felicidad en el otro, el día que ese otro no esté, estarás perdida.

Renuncia también a obligar a nadie a que esté contigo, si amas a alguien de manera incondicional querrás lo mejor para el otro, y si lo mejor para el otro es no estar contigo pues deberás dejarlo marchar.

El amor incondicional no se trata de ti, se trata del otro. Si amamos para ser amados, si hacemos para ser compensados, si exigimos para sentirnos valorados estamos amando desde el ego y en el ego siempre hay sufrimiento.

Si te fijas al final todo nos lleva a lo mismo, si no me amo a mi misma no puedo amar al otro y por lo tanto lo amaré desde el ego, intentado que esa persona me aporte la felicidad que yo no soy capaz de darme, intentado que esa persona me dé la autoestima que yo no soy capaz de darme.

Siempre, siempre, siempre, todo va de uno mismo, si estamos en el ego entraremos en victimizaciones, en culpabilizar al otro y en sufrir, sufrir, sufrir....

Y no pretendo ir de gurú y decir que, en todos los momentos de mi vida acepto, amo incondicionalmente y no juzgo, para nada, sería hipócrita si lo dijera.

Como humana juzgo, sufro y entro en el ego muchas veces, pero lo importante no es esto, lo importante es que me doy cuenta y por lo tanto lo rectifico, lo suelto, y en ese momento es cuando realmente siento la paz interior.

Por lo tanto, no te juzgues por juzgar, solo faltaría, somos humanos y tenemos derecho a equivocarnos, simplemente toma conciencia de lo que está pasando en ti y pon la mirada en el interior y no en el exterior, porque es ahí donde se haya la respuesta.

Y como somos vibración, en el momento en el que tu interior esté tranquilo y apaciguado esta es la vibración que vamos a atraer y por lo tanto las situaciones y personas que atraeremos en nuestra vida.

Para tener una relación de pareja sana las dos partes han de ser conscientes y tener saneado sus inconscientes, ser capaces de sentir amor incondicional, amor hacia uno mismo para así cuando entremos en el ego seamos capaces de verlo sin agredir al otro culpabilizándolo o victimizándonos.

Una de las cosas que ocurrió en Noa, cuando se vuelve a reencontrar con Carlos y, suele pasar muchas veces, es que desde la mente egoica y su Pepito Grillo pensó en qué hubiera pasado si hubiese hecho las cosas de otra forma.

Ella había hecho una gran transformación, había entendido muchas cosas y había asumido su parte de responsabilidad por lo que pensó que quizá una segunda oportunidad era lo que necesitaba.

A mí me encantan estas reflexiones, porque pienso que es cierto que siempre hemos de intentar las cosas, para que al menos jamás nos quede la duda de qué hubiera pasado si lo hubiésemos intentado. De esta forma también "cerramos capítulo". Si pones toda la carne en el asador y aun así no funciona, entonces es que no ha de ser. La verdad es que cada vez pienso más que si las cosas no han sido es porque no debían de ser, aunque entiendo que en ocasiones se den estas segundas oportunidades para poder ver si se pueden mejorar ciertos aspectos. Pero evidentemente esto ha de ser siempre, por parte de los dos miembros.

Noa había hecho un cambio interno y una gran transformación, pero Carlos no, al menos a ese nivel y claro, era obvio que no podría funcionar.

Cuando realizamos este tipo de trabajo no quiere decir que una vez que eliminemos la información del inconsciente ya está, evidentemente no, podemos volver a repetir, como le pasó a Noa. Pero lo interesante de todo esto es que al ser consciente de lo que sucede, Noa lo vio enseguida y por lo tanto pudo actuar antes, evitando así mucho sufrimiento por parte de los dos.

Cuando abrimos la conciencia podemos observar las cosas desde otra perspectiva y a liberarnos mucho antes.

Dicha pareja claro que podría haber funcionado, pero para que una pareja funcione debe haber dos personas conscientes de su ego, de sus dificultades, de sus programas, de sus creencias y sobre todo auto-responsabilizarse de su crecimiento, sin culpabilizar ni responsabilizar al otro.

De esta forma pueden darse relaciones de amor incondicional. Es curioso como Noa y Carlos podían amarse de esta forma siendo amigos y sin embargo, no, siendo pareja. Es curioso que el cambiar un simple nombre a la forma de relacionarse puede hacer que las cosas cambien, pero así funcionamos los humanos.

Ponemos juicio a todo, ponemos etiquetas y cuando ponemos la etiqueta automáticamente ponemos expectativas de cómo deben de ser las cosas y ahí es donde nos equivocamos.

¿Por qué no se puede vivir una relación sin etiquetar simplemente sintiendo el amor incondicional?

Cuando emitimos juicio, cuando estamos en la lógica, en el consciente y en el Pepito Grillo es cuando nos desconectamos de la esencia y por lo tanto nos desconectamos del amor.

He visto a muchas personas interesadas en alguien, en querer conocer a alguien, pero simplemente por el miedo a etiquetarlo como algo serio o como compromiso, hace que esa persona desaparezca por completo sin vivir esa historia y sin vivir ese momento presente.

La mente es la que juzga, la mente es la que miente y la mente es la que te genera ese miedo que hace que no te permitas vivir la vida simplemente tal y como se te presenta.

Una vez más, cuando dejamos entrar al Ego nos vamos al pasado o al futuro. Una vez que emitimos un juicio del momento presente, lo hacemos en base a un pasado (experiencias ya conocidas) o en base a un futuro (miedo a lo que pueda ocurrir). De esta forma, nos alejamos del momento presente, que es en el único instante donde se puede vivir, sentir y amar.

Una de las características fundamentales del ego es el control. Cuando desarrollamos mecanismos de control, perfeccionismo y auto exigencia se genera mucho sufrimiento ya que es, desde la mente consciente, donde se generar estos aspectos de personalidad. El control, la auto exigencia y perfeccionismo no dejan de ser juicios emitidos constantemente por la mente. Yo quiero tenerlo todo controlado porque no confío en la vida y porque creo que sé lo que es mejor para mí. ¿Cómo puedes saber lo que es mejor para ti si aún hay situaciones que no has vivido? El perfeccionismo y la auto exigencia no dejan de ser también juicios hacia uno mismo que hacen que nos sintamos insatisfechos constantemente con lo que hacemos o somos. ¿Te imaginas lo que puede afectar esto a tu autoestima?

Muchos de mis pacientes me dicen que es imposible parar la mente. Yo, concretamente, he sido una persona muy mental. De hecho, una gran parte de mi vida tuve una gran rumiación en mi cabeza. Era controladora, autoexigente, perfeccionista y esto me generaba muchísimo sufrimiento. Estaba constantemente en el ego. ¿Quieres saber cómo pude parar mi mente o como mínimo gestionarla?

Desde la aceptación. Empecé a aceptar que la vida me podía ofrecer lo mejor, comencé a aceptar que no podía controlarlo todo, comencé a aceptarme a mí misma y comencé a aceptar que quizá no tenía ni idea de qué era lo mejor para mí.

Cuando pude soltar el control sentí tal liberación como si me quitaran mil kilos de encima. De esta forma, siempre que veo que sufro ante cualquier situación, me paro un momento y respiro y me pregunto ¿qué no estoy aceptando? ¿A qué debo renunciar? Y a partir de ahí puedo sentir mi liberación.

EMOCIONES VS MIEDO

Y aquí llega uno de los capítulos más importantes. Los seres humanos somos los únicos capaces de sentir emociones tan intensamente que nos generan sufrimiento.

¿Qué pasa con las emociones? Las emociones no son buenas ni son malas simplemente son emociones. Pero desde pequeños nos enseñan a no expresarlas y a diferenciarlas como buenas o malas. Si lloras, automáticamente tienes a muchos adultos intentando callarte, consolarte y diciéndote que no llores, si sientes alegría ellos te refuerzan poniéndose contentos también... ¿Acaso las emociones no son sino una forma más de expresarnos?

Ante esto tengo que hacer una distinción también de género, ya que socialmente siempre se ha visto a las mujeres como más emocionales e incluso a veces se nos tacha de "histéricas", aunque con suerte cada vez menos, pero no hace mucho así era.

Sin embargo, a los hombres se les ha castrado muchísimo con estos temas. Parece que los hombres no son dignos de expresar emociones y se les ha tachado de muchos adjetivos que no voy a nombrar simplemente por llorar o estar tristes. Por suerte esto cada vez está cambiando más, pero ha habido una gran represión con respecto a las emociones, de tal forma que ha hecho que ciertas personas crezcan con una gran armadura, bloqueando cualquier tipo de emoción. A veces, incluso, da la sensación que hay personas que tienen paralizado la parte de su cuerpo que va desde la garganta hasta su pelvis.

Y esto es horrible porque las emociones son necesarias tanto para nuestra liberación, como para conectar con el inconsciente como he dicho anteriormente y para evitar ciertas enfermedades. Cuando tu cuerpo no expresa emociones, muchas veces lo hace en forma de sintomatología física o enfermedades, así que es un tema muy delicado.

Cuando expresamos emociones nos sentimos vulnerables ante los otros y por ello lo evitamos, para así no dejar ver al otro nuestras fragilidades. Esto es debido a la creencia establecida de que el llorar te hace débil y de que debemos mostrarnos fuertes ante los otros. Esto no deja de ser una gran estupidez que se ha "fabricado", ya sabemos que las creencias no tienen por qué ser ciertas, y expresar emociones es algo necesario, sano y muy bonito.

Las emociones sirven para nuestra supervivencia y si no las tuviéramos, ¡imagínate! ¿Qué pasaría si no tuviéramos miedo? Pues probablemente nos pondríamos en peligro constante. Por ello, desde la psicología decimos que las emociones son necesarias y es bueno expresarlas. El problema está cuando nos quedamos enganchados a esa emoción, no la liberamos y con el tiempo se produce una enfermedad.

Por ejemplo, si nos enganchamos a la tristeza podemos desarrollar una gran depresión, si estamos siempre eufóricos podremos desarrollar un trastorno de manía o bipolaridad, etc.

Por ello las emociones son sanas, siempre y cuando las expresemos correctamente, en su justa medida, observándolas y liberándolas.

Para poder soltar una emoción primero hemos de poder verla, observarla, saber que la estamos sintiendo y el por qué la estamos sintiendo, y una vez visto esto, simplemente la liberamos. ¿Cómo? Pues por ejemplo con una meditación y entendiendo que esa emoción la estás generando tú en base a un pensamiento, a un juicio.

Si observas una situación o una persona y emites un juicio, éste automáticamente provocará una emoción y para liberar esa emoción debemos revisar esos juicios, y ver qué no estamos aceptando, a qué no estamos renunciando y hecho esto desaparecerá la emoción.

Recuerda que aceptar y renunciar es la clave para evitar el sufrimiento. ¿Te has preguntado por qué molestaba a Noa que Óscar le dijera que se había engordado? ¿por qué le generaba una emoción negativa? Pues porque ella sentía lo mismo y eso la conectaba con su emoción.

Si ella hubiera estado en valor, sin dar importancia a esos kilos de más probablemente ese comentario no le hubiera causado ningún tipo de emoción negativa.

Así que utiliza siempre tus emociones para entender que está pasando en ti y porqué reaccionas así ante esa situación.

Claro que existen situaciones en la vida que te generan emociones inevitables como por ejemplo un duelo. Pero ¿cuántas veces hemos visto a dos personas totalmente distintas ante un mismo duelo, de modo que una lo ha superado y la otra ha entrado en depresión? Esto es debido a que la persona que lo ha superado, ha vivido el duelo, ha expresado sus emociones correctamente pero no se ha enganchado a ellas, ha soltado, ha aceptado y ha renunciado.

A mí, me gusta decir que el Dolor existe y el dolor está, pero el sufrimiento te lo generas tú. ¿Qué sería el sufrimiento? Cuando existe un dolor, pero desde la mente, lo alimentas y te quedas enganchado en esa emoción, victimizándote y por lo tanto sin poder liberarla. De esta forma, generas un sufrimiento, y el único responsable de esto eres tú. Las emociones se dan a causa de la interpretación que hacemos de las situaciones, si una situación o el acto de una persona te hace daño, no es el acto en sí lo que te daña, es la interpretación, el juicio que tú haces de ello.

Hay distintas categorías para las emociones, pero a mí, me gusta clasificarlas en cinco emociones básicas: alegría, tristeza, miedo, ira y amor. Todas y cada una de ellas son muy necesarias, pero en sus extremos pueden generar manía, depresión, fobia, cólera y dependencia.

Es importante expresarlas y no reprimirlas, porque al reprimir emociones estamos generando también una olla a presión que un día puede estallar generando una situación mucho más desagradable.

Una de las emociones enemigas del amor es el miedo. Los seres humanos somos los seres con más miedo irracional que existe. El miedo es una emoción muy de supervivencia y muy necesaria, pero ¿qué pasa cuando no es de supervivencia? ¿Qué pasa cuando ese miedo es creado por esa mente, por ese Pepito Grillo? Pues es cuando se da el gran sufrimiento.

Siempre que tengo miedo me paro un momento a pensar y me digo a mi misma, ¿tengo un león delante? Porque si es así, ¡corre!, de no ser así ¡para! Siempre pongo el ejemplo de la cebra que está en el pasto comiendo y ve un león a lo lejos. Ella ni se inmuta y sigue con su comida, pero de repente cuando ve al león acercarse sale corriendo. Evidentemente siente miedo, pero es un miedo real. Pero, ¿crees que al día siguiente no va a ir a comer a ese pasto? Ni pensarlo, al día siguiente vuelve a ir.

Ellos tienen una mente irracional por lo que no piensan que al día siguiente pueda volver a pasar lo mismo. Somos los seres humanos los que anticipamos el miedo, y por ello, cuando sufrimos en una relación de pareja (sufrimiento provocado por nosotros no lo olvides) vamos por la vida con miedo a volver a enamorarnos y sufrir.

Y yo me pregunto ¿cuándo se te presenta una situación nueva, crees que estás en la misma situación, con la misma persona y en las mismas circunstancias? ¿Por qué crees que puede volver a pasar lo mismo? Y evidentemente sé tu respuesta: porque nunca me equivoco y me volverá a pasar. Y yo te digo que, por un lado, está mi famosa frase de... que lo que crees creas. Si te presentas ante una nueva situación sentimental desde el miedo, creyendo que no va a funcionar y te pueden volver "a hacer daño", evidentemente ¿qué crees que va a pasar? Y por otro ¿te has planteado que si te ha pasado varias veces quizá seas tú la que lleva esa información y va siendo hora de limpiarla?

En el momento en que te presentas ante una situación con miedo a que vuelva a ocurrir algo que ocurrió en el pasado no estás en el amor, estás en el ego, y no estás en el momento presente, sino en el pasado y en el futuro. ¿Crees que así va a funcionar?

Las personas que jugamos al amor ya sabemos cuáles son las reglas. Puede salir bien, o puedo no salir tan bien, pero al final yo te diría que te lances a la piscina. Si no te permites vivir esa experiencia en estado puro te estarás perdiendo la oportunidad que la vida te está dando en ese momento.

Noa fue una chica siempre con mucho miedo. En el embarazo, su madre ya sufrió emociones de miedo muy intensas y esto hizo que ella creciera con esta emoción constante. Además, al llevar todos los programas de su abuela maltratada, el miedo era algo que también estaba muy presente en ella.

En la relación con Marcos, fue una relación donde se produjo mucho miedo. Tuvo miedo de decírselo a sus padres, de hecho, ocultó muchísimas cosas que a día de hoy aún están ocultas. Tuvo que mentir muchas veces para que sus padres no se dieran cuenta de todo... ¿Te puedes imaginar a nivel emocional cuantos bloqueos podía tener?

Una de las características de Noa y por las que pudo estar tantos años en esa relación, es que bloqueó su corazón y lo hizo de hielo. Normalizó tantas situaciones que no eran normales y bloqueó esas emociones para así poder sobrevivir.

A esto en psicología se le llama mecanismo de defensa, y lo genera el cuerpo como mecanismo de supervivencia para seguir viviendo.

En toda relación hay un constante miedo a perder a la otra persona. Déjame que te cuente, a diferencia de lo que cree todo el mundo, que esto no es amor, es dependencia emocional o apego. Las personas nos apegamos a las cosas y a las personas no pudiendo soportar el soltar y liberar. Creemos que sin ellos no vamos a ser nada, y tenemos tanto miedo a perderlos que somos capaces de permitir situaciones insanas para nosotros.

Esto es tremendamente perjudicial para el ser humano ya que muchas veces nos aferramos a cosas que nos hacen verdadero daño. No temas a perder algo ya que si ha de estar contigo permanecerá ahí, si no... suéltalo, porque quizá la vida te depare algo mejor.

¿Quiénes somos nosotros para decidir que una persona es más adecuada para nosotros y no otra? Deja que la vida te muestre todo lo que tiene para ti y no intentes controlar, suelta.

Evidentemente, detrás de un apego también hay un miedo a no ser suficiente. Puedo perder al otro porque quizá no soy suficiente para él y puede encontrar a alguien mejor. De esta forma nos desvalorizamos sintiendo que sin ti no soy nada, como dice la canción.

El amor nunca, nunca, nunca te puede hacer sufrir. Cuando sufres por amor, o no es amor o simplemente, estás amando desde el Ego. Recuerda que el ego está totalmente en lado contrario del amor, por lo que jamás se puede amar desde el miedo.

¿Cuántas personas se han visto sometidas a una relación así, donde hay mucho sufrimiento, pero no son capaces de vivir el uno sin el otro?

Esto al final se convierte en una obsesión, confundiendo dependencia emocional con amor y en la base de todo esto, siempre está el miedo a estar solo.

Nos apegamos a las personas, desde la mente, desde los juicios, nos empeñamos en que ha de ser aquella persona "porque la queremos" cuando lo único a lo que nos lleva esa relación es al sufrimiento constante. ¿Merece la pena?

Las personas tenemos tanto miedo a estar solas que muchas veces vamos enganchando una relación tras otra o nos quedamos en relaciones que no nos satisfacen por miedo a no encontrar "algo mejor" y va debilitando cada vez más nuestra esencia, nuestra pureza y nuestra alma.

Y el ser humano va cayendo una vez tras otra y va tropezando en la misma piedra. ¿No crees que las cosas podrían ser más sencillas? ¿Por qué no nos damos cuenta que cuando una relación no funciona desde el inicio probablemente no funcione y nos emperramos en seguir intentándolo, haciéndonos cada vez más daño?

¿Por qué no podemos aprender a vivir solos, con nosotros mismos, amándonos y respetándonos, sin necesidad de tener a nadie que nos cuide y suba la autoestima?

Son aspectos que hay que tener en cuenta, porque no me cansaré de decir que a día de hoy he entendido que el amor no te hace sufrir, el amor es bonito. Todo aquello que te hace sufrir no es amor.

Los miedos y las inseguridades son los grandes enemigos del amor. Cuando estás en el miedo, estás en el ego, en el juicio y en la mente, y el amor no se puede dar ahí jamás.

El amor es pasión, es lanzarte, es confiar y es algo emocional.

En la relación de Óscar hubo tantos miedos que fue imposible llevarla desde el amor. Óscar desde el principio se mostró con muchos miedos a que las cosas no funcionaran, a sufrir, a pasarlo mal y de esta forma jamás pudo dejarse llevar y fluir ante el amor y la situación que se le estaba presentando delante.

Pero Noa también había sentido lo mismo ante Marcos, sentía un miedo terrible a quedar con él, a perder su independencia, a volver a repetir lo mismo, de forma que tampoco pudo expresar su esencia ni pudo dejar fluir las cosas.

O los chicos que Noa encontró, que sabían que estaban ante una persona increíble pero el miedo no los dejó avanzar. ¿No te parece triste pensar que tienes una oportunidad de conocer a alguien excepcional, con quien te llevas bien, te gusta y puede haber una atracción física importante, por miedo a sufrir, por miedo al compromiso?

¿Cuál sería el problema de vivir una experiencia bonita por poco tiempo que dure?

Pues déjame que te diga que ninguno, el problema es que como nuestra mente juzga y piensa que si esa relación finaliza hemos de sufrir porque nos morimos cuando no estamos con alguien, pues preferimos no vivir la vida para evitar el sufrimiento. Pero ¿el sufrimiento no lo generamos nosotros?

Si me permites, te diré una cosa, cuando te encuentres a alguien que te guste, que valga la pena y con quien te sientas a gusto, simplemente hazte esta pregunta ¿es un león? Si no es así, adelante, siente, vive la experiencia, sin importarte ni apegarte a los resultados y vive lo que la vida te está dando.

Otro aspecto fundamental dentro de las emociones son los celos. Los celos no son más que un sentimiento de inseguridad, de posesión que crea mucho sufrimiento a las dos partes y realmente pueden llegar a ser una gran enfermedad.

Los celos crean el pensamiento de posesión, creemos que las personas nos pertenecen y nos creemos con el derecho de decir a nuestra pareja lo que puede o no hacer.

¿Realmente crees que amas a una persona si le prohíbes ir a divertirse? ¿Qué tipo de confianza tienes en esa persona si crees que a la más mínima va a irse con otra? ¿Cuánto te valoras a ti mismo si crees que tu pareja va a encontrar a alguien mejor?

Todas estas son preguntas que debes hacerte si realmente sientes celos o si estás con una pareja que los siente.

Consentir que tu pareja sea celosa vuelve a ser una forma más de no amarte y desvalorizarte ya que estás permitiendo que dicha persona controle tu vida y no te desee lo mejor y por lo tanto consentir que no te ame de manera incondicional.

Noa vive una relación de pareja donde las emociones que siente son de miedo, preocupación, nerviosismo, enfado y aun así continúa con la relación diez años... ¿Te lo puedes imaginar? Pues te aseguro que como la suya existen muchísimas relaciones.

¿Y por qué seguimos en dichas situaciones? Seguramente por muchos motivos, pero uno de los motivos de Noa era el no sentirse fracasada.

Ella quería formar una familia y el simple hecho de separarse para ella era un fracaso y por lo tanto prefería estar en una relación tóxica antes que tomar medidas y volver a ser feliz. Y aquí vemos la explicación clara: ella desde la mente lógica sabe que esa relación no le conviene, pero así y todo continúa. ¿Por qué? Porque tiene la creencia de que el amor es esto y separarse es un fracaso. Como el inconsciente manda en un 95%, ella continuará ahí, a perpetuidad.

ENEAGRAMA DE LA PERSONALIDAD

No me voy a extender mucho en este capítulo ya que el eneagrama de la personalidad daría para un libro entero.

El eneagrama de la personalidad es una herramienta de la psicología, que engloba las personalidades de los seres humanos en 9 eneatipos diferentes.

Según el eneatipo con el que te sientes identificado, ves donde está su sombra y por lo tanto EL EGO, y así como conectar con tu esencia más pura. Todos los seres humanos tenemos sombras, el no mirarlas no significa que no las tengamos, así que cuanto antes las veas antes podrás liberarlas.

De nada sirve que te auto engañes diciendo "no si yo estoy bien sola, si yo no quiero ahora mismo una relación", cuando en lo más profundo de ti tienes un miedo tan grande al compromiso, a sufrir, que esto hace que te alejes de las relaciones. Por ello, es importante que seas muy honesta contigo misma.

Dentro de esta herramienta Noa es un 3 clarísimamente. Si quieres investigar más, una de las personas que lo explica muy bien, es Borja Vilaseca. Hay muchos libros de él y vídeos en Youtube donde explica cada eneatipo con su sombra y con su esencia. Se trata no solo de encasillarte en un número sino de ver cuál es tu herida y a partir de ahí cómo hacer para ir hacia tu esencia y salirte del ego, por lo tanto, del sufrimiento.

Los 3 se caracterizan por ser personas exitosas, triunfadoras y estar sobretodo siempre en el hacer. El eneatipo 3 entiende que su valía como persona, depende de sus resultados y por ello no para de hacer hacer y hacer.

Y tú dirás "¿y cuál es el problema?" Pues el problema es que, al tener esa creencia, les importa mucho lo que piensen los demás de ellos y es por eso que tienen grandes problemas de desvalorización y sufren mucho por la imagen que dan al otro.

Óscar era un tipo de eneatipo 1, que son eneatipos perfeccionistas, exigentes y desvalorizadores hacia los otros ya que creen que ellos son los que mejor hacen las cosas. ¿Te puedes imaginar una relación de un 1 con un 3? Pues ahora lo entiendes todo.

El gran aprendizaje de Noa fue entender que no necesitaba agradar a nada ni a nadie, empezando por su padre, y que su gran valía como persona simplemente era por su ser, por su esencia más pura y no por los resultados o el éxito que obtuviera.

Cuando realmente pudo conectar con su esencia, sorprendentemente se dio lo que ella siempre había querido, que se sintió amada por todos sin tener que HACER NADA, simplemente, por ser.

De repente comenzó a recibir cariño de su entorno, sin tener que esforzarse por quedar bien, ni por nada, simplemente siendo.

Y ese ha sido el gran éxito de Noa, conectar con su esencia más pura para desprenderse de miedos, egos, juicios y sufrimiento.

OTROS ASPECTOS IMPORTANTES

Para ir finalizando, hay ciertas cosas que quiero también comentar contigo.

Una de ellas es que considero que cuando se termina una relación debe haber un periodo de tiempo de transición donde uno es capaz de reencontrarse con uno mismo. Esto no quiere decir que pongas juicios ni fechas de cuándo debe ser el momento para volver a tener pareja, pero sí que no tengas prisa.

Otro aspecto importante, es la anulación que Noa hace de sí misma, y el cómo se distancia de sus amigas.

Cuando comenzamos con una pareja tendemos a querer estar con esa persona a todas horas, pero no nos damos cuenta de que el espacio individual es muy importante.

Cuando Noa terminó la relación con Marcos, se vio muy sola porque todo su entorno estaba relacionado con él. Es por ello que es muy importante que cuides tus amistades, que sigas teniendo ese espacio intocable para ti y tus relaciones personales y no lo pierdas nunca.

Conserva tus amistades y valóralas porque en los momentos más difíciles las amistades son las que siempre te pondrán un hombro para llorar y te sacarán tu mejor sonrisa.

¡Gracias, amigas, por hacerme reír a carcajadas!

Otro aspecto fundamental en las relaciones de pareja es el sexo. No voy a extenderme porque no soy especialista en el tema y sería un error por mi parte intentar hablar de esto. Pero como mujer y como persona quiero comentar algunos aspectos.

El sexo es muy importante en la pareja, pero tenemos que diferenciar entre el sexo más instintivo y el sexo con conciencia.

Tanto Noa como muchas mujeres con las que he trabajado han tenido grandes dificultades y bloqueos con respecto al sexo. He visto a muchas mujeres muy jóvenes que jamás han tenido un orgasmo y esto me preocupa. El sexo ha sido algo que también ha estado muy "contaminado" por la sociedad. Venimos de sociedades muy machistas donde la mujer no podía disfrutar con el sexo y ha habido mucha represión al respecto.

También tengo que decir que existe una gran presión hacia los hombres, con creencias erróneas hacia ellos que tampoco ayudan y el resultado final es que se producen muchas veces relaciones de pareja donde el sexo es un auténtico desastre.

El acto de hacer el amor es algo muy bonito y muy íntimo entre dos personas que ha de ser desde la esencia y no desde la mente, desde el amor incondicional hacia el otro y dejándose llevar y sentir.

Noa tuvo grandes dificultades en la relación con Marcos y probablemente, además del desconocimiento del tema, también estaban impregnados los patrones de las mujeres de su familia. Es muy importante que si no disfrutas de las relaciones sexuales, acudas a un especialista que te ayude a eliminar bloqueos, patrones y puedas así disfrutar de algo tan bonito tanto contigo misma, con tu pareja o con la persona que tú elijas.

En la relación con Carlos fue todo mucho más distinto. Si la vida puso para algo a Carlos en la vida a Noa, fue para poder descubrir toda esa parte que tenía tan olvidada y poder descubrir algo tan increíble, pero cuidado, porque al ser algo visceral y desde la baja frecuencia se convirtió en una droga, produciendo así un gran enganche entre ellos, cosa que también los hizo sufrir. Uno de los componentes más importantes en esta historia fue la relación tan tóxica, una toxicidad que a veces puede hacer que las personas se "vuelvan locas" debido a la gran atracción física o sexual que hay, desarrollando relaciones de apego muy intensas.

Esta relación siempre se caracterizó por esto y eso hace que, aunque ambas personas supieran que no era posible, les fuera tan difícil no volver a caer cuando se veían.

Es como una droga, es una dependencia emocional que se confunde con amor, ya que crees que no puedes dejar a esa persona y en el fondo es porque estás enganchada como si de una droga se tratara.

Es importante también el rol que establecemos en las parejas. Noa siempre hizo de madre para Marcos, lo cuidaba y siempre estaba por y para él.

Muchas mujeres nos creemos madres de nuestras parejas y muchos hombres buscan una madre en su pareja. Esto es un error porque al haber un rol que no es el que corresponde, la pareja no funciona. Si hay una relación fraternal no puede haber la pasión que se necesita en la pareja, así que es muy importante definir bien los roles y no posicionarnos en roles fraternales o paterno filiales

Un aspecto para mí fundamental en las relaciones, ya no solo de pareja sino humanas, es la comunicación. Con lo sencillo que es comunicarnos para entendernos y lo complicado que lo hacemos. He tenido malos entendidos con mis parejas por no comunicarnos, he estado en situaciones donde los dos hemos querido lo mismo pero por no saber comunicarnos no nos hemos entendido... un simple calvario.

Si algo te molesta dilo, si algo te inquieta dilo y si algo no va bien, dilo. Simplemente expresa ante tu pareja lo que sientes, cómo te sientes, las dudas que tienes. Si él o ella no lo entiende es su problema, recuerda que la vida no va del otro, sino de ti mismo y de esta forma evitaremos muchos malentendidos.

He visto muchas situaciones raras entre parejas que se hubieran solucionado simplemente con un "¿qué te ocurre?" o un "me siento así...", e incluso comunicando, cada uno se monta su película, y es que nos encanta Hollywood y ahí es donde empieza nuestro sufrimiento, en nuestra mente, no en la del otro.

Por último y siguiendo con la relación de Marcos, algo muy importante que quiero tratar, aunque muy por encima por respeto a él, es el tema de las drogas. El principal problema y más doloroso en esta relación fue el tema de las drogas. Es un tema al que le tengo un profundo respeto ya que he tenido familiares que han estado en él.

La drogadicción es una enfermedad y me compadezco muchísimo de las personas que están en ella. Las personas que consumen drogas no dejan de hacerse daño a sí mismas, de castigar a su cuerpo porque no se aman lo suficiente, por lo que se trata de una enfermedad sintomática de una desvalorización muy profunda.

La mayor suerte de Noa fue que cuando supo que Marcos tenía ese problema ella ya había tomado la decisión de dejarlo. Si lo hubiese sabido antes quizá hubiera sido más difícil terminar la relación por sentir la responsabilidad de tener que ayudarlo, debido a ese rol materno.

Si tienes una pareja que consume drogas, decirte que, si no quiere ayuda, difícilmente podrás ayudarla, ya que ha de haber una gran motivación para que esa persona quiera salir de ello y también decirte que no estás en la obligación de cuidarla y sufrir toda la vida por ella.

Cada uno es responsable de sus actos, como he dicho anteriormente respeto profundamente el tema por la cercanía con la que lo he vivido, pero también hay que respetarse a uno mismo y nadie tiene porque vivir tal infierno, y menos por amor.

Así que si tienes un conflicto con las drogas quiero que sepas que se puede salir de ellas, se puede trabajar a nivel interno profundo, ver por qué estás consumiendo, qué vacío estás alimentando, qué programas hay en tu inconsciente que puedan estar llevándote a esa conducta y poder así limpiar y comenzar una vida preciosa. Porque la vida está para vivirla, no para sufrirla. Y aunque creas que con las drogas vives y disfrutas te puedo asegurar que el sufrimiento está muy cerca.

CONECTANDO CON NUESTRA ESENCIA.

Cuando alguien te dice "veo tu sensibilidad, veo tu ternura, pero no la he sentido nunca", automáticamente sientes como si te clavaran un cuchillo en el pecho.

Es increíble como las personas podemos desconectarnos de nuestra esencia más pura. Cuando nacemos somos almas libres y puras (aunque llevemos programas heredados) y conforme vamos creciendo y ya desde niños nos van diciendo como nos debemos comportar.

Un niño pequeño lo que quiere es sentirse querido y por lo tanto hará todo lo que crea que ha de hacer para agradar a los demás. De esta forma vamos entendiendo que no podemos comportarnos desde nuestra esencia y así nos vamos formando capas y más capas de ego, de creencias y vamos tapando aquello que tenemos más bonito.

Veo cada día en mi consulta personas increíbles que sufren, que no se aman, que se empeñan en estar en relaciones de pareja que les hacen daño y aun así ahí siguen, y es que llega un momento en la vida en que has de hacer un viaje de vuelta al alma.

Gracias a todo lo que he aprendido de mi misma y me he trabajado, he podido quitarme esas capas, esos programas, esas máscaras que me había impuesto, y todo aquello que me estaba impidiendo ser yo, y he podido conectar con mi esencia más pura.

Cuando conectas con tu esencia, sientes una libertad plena y absoluta. Dejas de sufrir, te abres a la vida, sintiéndola, viviéndola, agradeciéndola y la vida te premia por ello.

¿Te imaginas lo que es sentir una sensación de plenitud, sin importar lo que haya en el exterior?

Cuando realizas este gran camino de transformación es tan liberador y tan bonito que no se puede explicar con palabras. Es por ello que fundé la comunidad de Mujeres Comprometidas Piropos Al Alma donde ayudo cada día a través de terapia, talleres y formaciones a conectar con esa esencia tan pura.

Dentro de la comunidad, existen muchas cosas para realizar, pero en el programa de vuelta al alma, realizamos todo ese gran camino de transformación que yo pude hacer. Detectamos todo lo que hay en tu inconsciente y lo limpiamos para ir quitando capas y más capas y conectar con el amor más verdadero, el amor hacia una misma. Puedes ver de qué se trata en la página web o solicitarme información si te interesa.

En este libro he querido darte todas las herramientas claves para que entiendas el porqué de tu sufrimiento, pero es importante que entiendas que para liberarte de todo ello quizá necesites a alguien que te guíe en el camino. Siempre digo a mis clientas, que todos vosotros tenéis los recursos necesarios para poder afrontar todo esto, yo simplemente soy una guía que os ayuda a poder encontrar vuestro camino.

Aunque la mayor parte del trabajo lo realizo con mujeres, tengo también algunos hombres que sufren por amor, hombres que también se sienten desvalorizados, humillados, con miedo y que están en relaciones de pareja tóxica.

Al final, todos somos uno, y no hay que hacer distinciones, no hay que luchar, no hay que pelear, simplemente, hay que amar, respetar y contribuir a que el mundo conecte con el amor más puro y verdadero. Cuando el ser humano conecta con ese amor, deja de sufrir.

A día de hoy pudo decir que por fin he conocido al gran amor de mi vida y que no es otra persona que yo misma. Me amo por lo que soy, me amo tal y como soy y me acepto y acepto que la vida siempre tiene preparado lo mejor para mí.

No espero nada ni a nadie, por supuesto tengo mis deseos de tener una pareja consciente desde el amor incondicional, de formar una familia, pero no me voy a sentar a esperar a que venga, porque no quiero poner expectativas a la vida. Ahora sí que puedo decir que conozco al Gran Amor de mi vida y me encantaría conocer a mi gran compañero de vida.

Voy a vivir mi vida simplemente siendo, sintiendo, viviendo, amando y disfrutando de lo que se presente en cada momento, aquí y ahora. Porque una de las claves fundamentales para vivir la vida, sin juicio, sin sufrimiento, es vivir el momento presente, sin estar en el pasado ni en el futuro, sino estando en el aquí y ahora.

¿Te imaginas vivir una vida tranquila, llena de paz, amor y felicidad?

Decirte que cuando hay miedo no es una relación de dos sino de tres así que... si tú quieres, nos vemos al otro lado del miedo.

Esto no es un adiós… es un hasta pronto….

Pues hasta aquí ha llegado la lectura de este libro. Decirte y agradecerte que hayas llegado hasta aquí y lo hayas leído ya que para mí ha sido muy gratificante. No sé si te imaginas lo difícil que es escribir un libro, en primer lugar, porque no soy escritora y en segundo lugar por el desnudo que supone hacerlo.

Para mí ha sido terapéutico el poder expresar cosas muy profundas con el mundo y simplemente si puedo ayudar a un número de personas con eso me quedo satisfecha. Me encantaría que me escribieras a mi correo y me dijeras que te ha parecido. Acepto críticas constructivas (ya pude dejar el sufrimiento que las críticas me producían ;) y si te ha ayudado o servido para algo me lo hagas saber, ya que para mí será muy gratificante saberlo.

Si tienes dudas sobre los ejercicios del cuaderno de autoanálisis, sobre algún tema del libro o sobre el programa De vuelta Al Alma, te ofrezco la posibilidad de escribir a mi correo y así poder solucionarlo. Sólo tienes que ponerte en contacto conmigo a las direcciones de correo siguiente:

Melanie@melaniegonzalezgarcia.com

piropos@piroposalalma.com

Te agradecería también que recomendaras el libro, lo cuelgues en las redes o lo que tú consideres, ya que el objetivo final no es otro que poder llegar al máximo de personas posibles.

¿Sabes lo que es recibir un email de alguien dándote las gracias por todo lo que le has ayudado? Cada vez que recibo uno, hace que mi profesión y todo lo vivido haya valido la pena.

Y para finalizar, pedirte disculpas si en algún momento no has sabido si hablaba Noa o la terapeuta, pero en parte lo he hecho con intención, ya te dije al principio que me gusta jugar un poco, ya que al final, ¿no crees que tod@s podemos ser Noa?

Y ahora sí que me despido, aunque quiero que sepas que las aventura de Noa continúan. No quiero que te despidas de ella, seguro que le has cogido cariño ;) y por ello, he decidido darte un regalo. Como agradecimiento por haber leído este libro, he creado una plataforma privada para todos los lectores, donde encontrarás vídeos, meditaciones, herramientas, artículos y muchas más cosas para que puedas seguir trabajando el libro y el cuaderno de autoanálisis. Sólo tienes que entrar en esta dirección, registrarte y podrás ver todo el contenido, además de seguir conociendo cómo continúa la historia de Noa.

La dirección es https://piroposalalma.com/noerestusiempresoyyo

Espero que te guste y quieras seguir trabajando con nosotras para seguir aprendiendo y creciendo.

Mis mejores deseos para ti y que tu vida esté llena de amor.

CUADERNO DE AUTOANÁLISIS

Este cuaderno es para ti, para que puedas realizar un autoanálisis del "para qué" de tu sufrimiento y dejes de sufrir por amor.

La información es importante siempre y cuando hagas algo con ella, si tienes toda esta información, pero la guardas en el cajón, no servirá de nada. Por ello te facilito este cuaderno de autoanálisis para que puedas mirar hacia adentro, que es donde siempre están las respuestas.

Para hacer introspección has de estar dispuesta a ser honesta contigo misma viendo tus sombras y aceptándolas. Si te engañas a ti misma no realizarás ningún ejercicio. Siéntate, tómate tu tiempo y realiza un ejercicio de honestidad. Cuando ves las cosas, por muy oscuras que te parezcan, es cuando se produce la liberación, así que ¡Adelante!

1. RESPONSABILIDAD VS SUFRIMIENTO.

Piensa en una relación de pareja que tengas o hayas tenido donde se haya producido un conflicto o sufrimiento.

CULPA: ¿Me culpo o le culpo de algo? ¿Responsabilizo al otro de algo mío? ¿Cuál es mi responsabilidad ante esto?

PARA QUÉ: Para qué me está ocurriendo o me ha ocurrido esto, cuál es mi aprendizaje. ¿Cuál es el espejo? ¿qué me estaba mostrando o me está mostrando esta situación?

¿De qué me doy cuenta? Esta pregunta es básica para el autoanálisis.

2. DESVALORIZACIÓN VS AUTOESTIMA

¿Recuerdas alguna situación en la que te hayas sentido desvalorizada? ¿Recuerdas alguna situación en la que hayas desvalorizado a alguien?

Busca a tres personas de tu entorno de confianza y diles que digan 3 aspectos que les gustan de ti.

PERSONA 1.

PERSONA 2

PERSONA 3

Realiza un ejercicio de meditación, con respiraciones profundas, dejando tu mente a un lado, y con todo lo que te han dicho y sabes, intenta realizar una descripción de cuál es tu valía como persona, tu ser. Define por qué eres valiosa, no por lo que tienes o haces sino por lo que eres.

Yo soy.......

¿De qué me doy cuenta?

3. CONSCIENTE VS INCONSCIENTE

Intenta identificar situaciones en tus relaciones de pareja donde tu mente inconsciente dice algo pero luego realizas lo contrario.

¿Crees que hay información en tu inconsciente que pueda estar afectando a tu vida?

Obtén información de tu clan familiar, tu momento de concepción y nacimiento. ¿Crees que hay cosas que te puedan estar afectando?

¿Cómo fue tu infancia? ¿Crees que hay aspectos que te puedan estar afectando en tu vida actualmente?

¿Hay sucesos en el pasado que aún te generan emociones negativas? ¿Crees que están sanados?

¿Crees que debes perdonar a alguien o a ti mismo? ¿Serías capaz de entender, perdonar y liberar? De no ser así, mira a quién estás culpando y de qué y qué parte no estás asumiendo.

De qué me doy cuenta.

EMOCIONES, MIEDO.

¿Crees que sabes expresar tus emociones correctamente? ¿De no ser así, a qué es debido?

Ejercicio de confrontación: Elige a una persona que jamás le hayas dicho que le quieres y hazlo. Anota cómo te has sentido y qué reacción has visto en ella o él.

¿Has sentido o sientes miedo en alguna relación? ¿Crees que es un miedo real o imaginario?

____

____

____

____

¿A qué tienes miedo? ¿Crees que ese miedo te está impidiendo vivir algo bonito?

____

____

____

____

Anota los juicios y qué te cuenta tu Pepito Grillo para que se genere ese miedo.

____

____

____

____

¿Crees que tienes alguna otra emoción que te esté perturbando? ¿A qué es debido?

____

____

____

____

¿De qué me doy cuenta?

TESTIMONIOS

Si una cosa puedo agradecer en esta vida, son las palabras tan bonitas que recibo de mis clientes y clientas. Es impresionante ver lo que las personas sienten hacia ti y tu trabajo y el amor que recibo de cada uno de ellos. Siempre digo que para mí, son unos grandes maestros y tengo una gran suerte de poder formar parte de sus aprendizajes y de su camino, porque al final, aprendemos todos.

Pedí a dos de mis clientes un testimonio para el libro y ninguno se lo pensó ni un momento. No pondré nombres por tema de confidencialidad, pero he querido tener uno de un chico, y otro de chica. A. es un hombre de 29 años, increíble persona y con un gran corazón al que he podido ayudar mucho, pero que me ha ayudado muchísimo él a mí. Con él pude entender que los hombres también sufren por amor, que los hombres también tienen miedo y que los hombres también son seres preciosos y vulnerables dispuestos a dar y recibir mucho amor.

Gracias A. Por todo lo que he podido aprender de ti.

Y como no, a una de mis clientas "favoritas", no sólo por el tiempo que llevamos caminando juntas, sino por todo lo aprendido con ella. Pude verme en su espejo muchas veces y pude ver todo lo que también hubo en mí en mucho tiempo y conseguí sanar. Gracias por tu confianza incondicional hacia mí, por esa constancia y perseverancia para estar siempre bien y seguir creciendo y por todo el amor recibido por ti siempre. Gracias "cuqui", como tú me llamas ☺

"TESTIMONIO DE "AMOR" TOXICO (A. Hombre de 29 años de edad).

4 años, 48 meses, 1.460 días e innumerables latidos que rompían y deshacían todos los fundamentos del sentido de la palabra AMOR. El dolor también es capaz de cimentar la unión de dos almas en pena, te puede hacer sentir empatía hacia otra persona con cargas emocionales y psicológicas parecidas a las propias, generadas por situaciones muy adversas. El sufrimiento generado por el inconsciente puede nublarte la vista, cerrarte las puertas que cada día se abren frente a ti para aprender, crecer y avanzar. Con esta cascada de sentimientos arrolladores es difícil convivir cuando no se sabe bien como, y aquí es donde aparece Melanie en mi vida, con amor por uno mismo como lema y Piropos al alma por bandera. Jamás podré agradecer en una sola vida su ayuda y su apoyo inagotable. La ayuda que ofrece va mucho más allá de la superación de una situación en concreto, ella ofrece el entendimiento y conocimiento de lo que engloba la unión de cada una de las almas y mentes que se le acercan. Alma, genética y destino, para mí, pilares de su psicología para esta sociedad del siglo XXI donde todo pasa por algo y para algo, sea un aprendizaje o una enseñanza para el día de mañana.

Dos mochilas cargadas con piedras de un camino al que llamamos vida y esas mismas piedras pueden ser tu cruz o formar un bonito sendero de aprendizajes y experiencias.

TESTIMONIO DE P. Mujer de 40 años de edad.

Ante todo, sin empezar a decir nada más de esta bella persona, solo la defino con una gran palabra **AMOR**. Es una persona que está ahí siempre, a tu lado, con sus buenas energías, con su vitalidad, con su cariño, con su gran inteligencia, con sus consejos y sesiones maravillosas.

Me gustaría compartir con todos los lectores de este libro, que deseo que sean muchos, la verdad, porque le deseo lo mejor de lo mejor para esta nueva etapa de su vida.

Yo hace años que conozco a Melanie, la conocí en una época muy difícil de mi vida, un divorcio traumático, la muerte de mi padre y la enfermedad de mi madre, y a posterior su fallecimiento también. He pasado muchos procesos junto a ella, y han sido siempre eficaces, efectivos y maravillosos a la vez. Ella tiene tanto amor que dar a los demás, que sus sesiones como se hacen desde el corazón, son siempre muy fructíferas.

En mi proceso de liberación y crecimiento personal me ha ayudado tanto, tengo que agradecerle tantas cosas que ha hecho por mí, que quién aún no la conozca, le invito hacer una primera sesión con ella, ¡¡ seguro que volverá!!

Las personas que hayan pasado historias como las que se explican en este libro, y yo soy una de ellas, verán que hablarlo sin miedos, es lo mejor para liberarte. Todo esto lo he aprendido por ella, mi gran maestra de la vida.

Yo he vivido un matrimonio tóxico, con maltrato psicológico, que te deja sin autoestima, que no te quieres como persona, ni físicamente y que pierdes toda la fe en ti mismo. Después de todo el trabajo con ella, he aprendido amar de otra forma, primero a mí misma, y luego a los demás.

Te deseo mucha suerte con esta nueva etapa.

Te quiero mucho "cuqui".

Printed in Germany
by Amazon Distribution
GmbH, Leipzig

17472360R00110